KB260192

통문장 왕초보 중국어

최경애 지음

정진출판사

머리말

『통문장 왕초보 중국어』는 중국어를 가장 빠르고 쉽게 학습하고자 하는 학생들을 위한 기초학습
서입니다.

이렇게 쉬워 보이는 문장만으로 실력을 기를 수 있을까?

『통문장 왕초보 중국어』는 45일이라는 짧은 기간 동안 가장 쉽게 중국어를 모국어처럼 사용하
고자 하는 학생들을 위해 집필하였습니다. 매일 주어진 학습량이 많지 않아 하루 중 잠깐 짬을 내
어 학습을 완성할 수 있습니다. 시간 여유가 좀 더 있는 주말에는 '총복습 통문장 이야기'를 통해
반복 학습할 수 있도록 구성하였습니다. '총복습 통문장 이야기'는 이미 학습한 내용을 매주 업그
레이드하는 형식으로 구성하였습니다. 또한 일정한 상황 속에서의 회화 내용이다 보니 실제 회화
에 앞서 적응훈련이 가능합니다.

중국어도 입이 먼저 트일 수는 없을까?

『통문장 왕초보 중국어』의 가장 큰 특징은 통문장으로 한 번 보고 바로 따라서 말할 수 있는 짧
은 문장의 형태로 이루어져 있다는 것입니다. 한 번 외워진 문장은 어떠한 상황에서도 듣기와 말
하기가 가능합니다. 어려운 내용을 아무리 많이 이해한다 해도 말이 나오지 않으면 무슨 소용이
있겠습니까? 추가로 구성된 '통문장 노래 부르기'는 문장을 암기하는 유용한 방법 중 하나입니다.
본문의 통문장과 마찬가지로 노래 역시 사용 빈도가 가장 높은 단어가 사용된 곡으로 구성하였습
니다. 단어 소개가 되어 있어 학습의 연장으로 활용할 수 있습니다.

한자를 모르는데 중국어를 할 수 있을까?

한자에 대한 두려움으로 중국어를 학습하기 두려워하는 학습자가 많습니다. 하지만, 일상생

활에 쓰이는 중국 한자는 그 양이 많지 않습니다. 또한 우리나라와 똑같은 한자를 쓰던 중국이 1960년대 이후 문맹률을 낮추고 한자를 좀 더 쉽게 사용하기 위해서 간략화된 한자인 '간체자'를 쓰기 시작하였습니다. 우리는 『통문장 왕초보 중국어』를 통해 일상생활에 쓰이는 300개 정도의 간체자를 학습하게 되는데 '간체자 쓰기'를 통해 쓰기 방법을 읽히고 본문을 통해 간체자를 반복적으로 인지하면 자연스럽게 중국 한자를 익힐 수 있습니다.

이렇게 짧은 문장만으로 대화가 될까?

『통문장 왕초보 중국어』는 사용 빈도가 가장 높은 단어를 선별하여 통문장 형식으로 구성하였습니다. 다른 통문장의 단점인 문장활용을 보완하기 위해 매과 단어 교체연습을 추가로 구성하였습니다. 문장이 외워지고 나면 문장의 형태에 대한 궁금증을 가지는 학생들이 있을 것입니다. '통문장 분석하기'는 문장의 내용을 좀 더 깊이 있게 이해하고자 하는 학생들을 위해 구성하였습니다.

당부 한 마디!

본문의 문장은 최소한 30번씩 큰 소리로 따라 읽는 습관이 중요합니다. 문장이 짧으니 그렇게 어렵지는 않을 것이나, 혹시 시간 여유가 없다면 첫 주(周)의 발음 부분만이라도 꼭 시도해 주세요. 단 몇 주 만에 달라진 스스로의 발음에 놀라실 겁니다.

마지막으로 이 책을 선택해 주시고, 책의 완성도를 위해 최대한 애를 쓰고 가신 박주홍 실장님께 이 책을 바칩니다.

목차

목차

Contents

你好！ 谢谢，老师！

不客气。

你好吗？ 再见！

我很好。

part

Part. 1

발음

중국어는 어떻게 생겼을까?

간체자

중국 한자를 간체자라고 해요. 아주 옛날에는 중국에서도 우리와 같은 한자를 썼지만, 지금은 간략하게 쓸 수 있는 간체자를 쓴답니다. 획순이 적기 때문에 우리나라 한자에 비해 빨리 쓸 수 있어요.

妈 엄마
m ā

성모와 운모

중국어의 음절은 대부분 성모와 운모로 구성되어 있어요. 우리나라 한글의 자음과 모음을 생각해 보세요. 음절 첫 부분의 자음을 성모라 하고, 그 나머지 부분을 운모라고 합니다.

好 좋아
hǎo

성조

중국어의 발음은 음악과 같이 높이 올리기도 하고 내리기도 하는 성조가 있어요. 중국어를 발음할 때 노래를 부른다고 생각하면 재미있게 익힐 수 있어요.

한어병음 익히기 – 성모

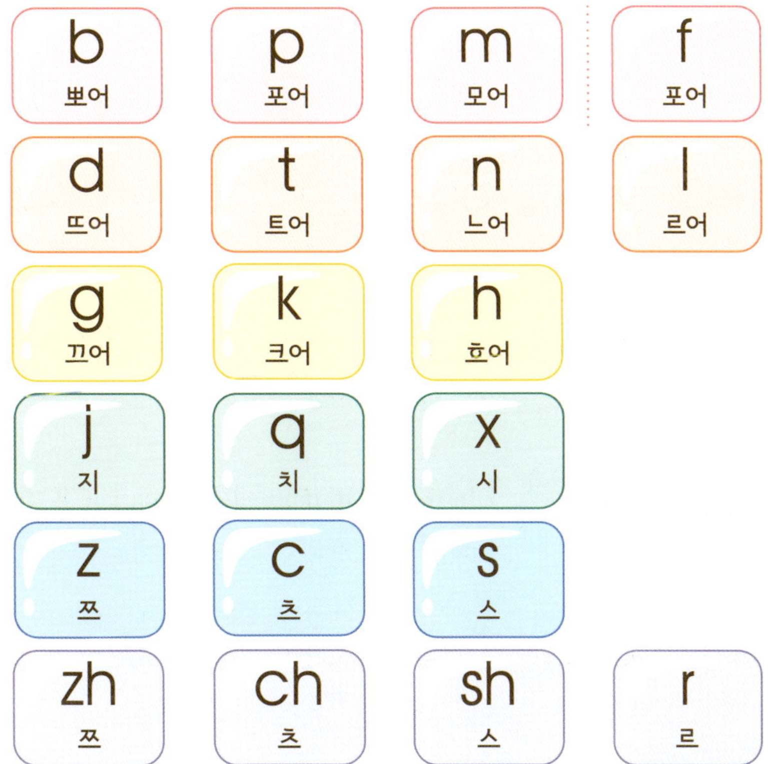

 진짜 중국인처럼 발음하기 비법

① 한글로 쓰여진 발음을 보고 읽는 것이 아니라 녹음 CD를 따라서 읽는다.
② 한글 발음은 진짜진짜 생각 안 날 때만 슬~쩍 참고한다.
③ 최소한 30번씩 큰 소리로 따라 읽는다(너무 많다구요?! 근데 30번씩 읽으면 저절로 외워져요. 단어든 문장이든 따로 외울 필요 없어요).

✽ 알아두기

'b, p...'는 우리말처럼 '뽀어, 포어...'가 아니라 '뽀'에서 '어'로 넘어가듯이 발음하세요.
'd, t...'는 우리말처럼 '뜨어, 트어...'가 아니라 '뜨'에서 '어'로 넘어가듯이 발음하세요.
'zh, ch...'는 혀끝을 살~짝 구부려서 발음해요(너무 굴리면 붙어 돼요^^).

한어병음 익히기 - 운모

| a 아 | o 오어 | e 으어 | i 이 | u 우 | ü 위 |

| ai 아이 | ei 에이 | ao 아오 | ou 어우 | an 안 | en 언 | ang 앙 | eng 엉 |

| ia 이야 | ie 이에 | iao 이야오 | iou 이어우 | ian 이엔 | in 인 | iang 이양 | ing 잉 |

| ua 우와 | uo 우워 | uai 우와이 | uei 우웨이 | uan 우완 | uen 우원 | uang 우왕 |

| ueng 우웡 | ong 옹 | iong 이용 | üe 위에 | üan 위엔 | ün 윈 | er 얼 |

✽ 진짜 중국인처럼 발음하기 비법

① 한글로 쓰여진 발음을 보고 읽는 것이 아니라 녹음 CD를 따라서 읽는다.
② 한글 발음은 진짜진짜 생각 안 날 때만 슬~쩍 참고한다.
③ 최소한 30번씩 큰 소리로 따라 읽는다(너무 많다구요?! 근데 30번씩 읽으면 저절로 외워져요. 단어든 문장이든 따로 외울 필요 없어요).

✽ 알아두기

'o'는 '오'에서 '어'로 넘어가듯이 발음하세요.
'e'는 '으'에서 '어'로 넘어가듯이 발음하세요.
'ü'는 입 모양은 '오'인 상태에서 '위'로 발음해야 정확한 중국어 발음이 나옵니다.

성조부터 말해요.

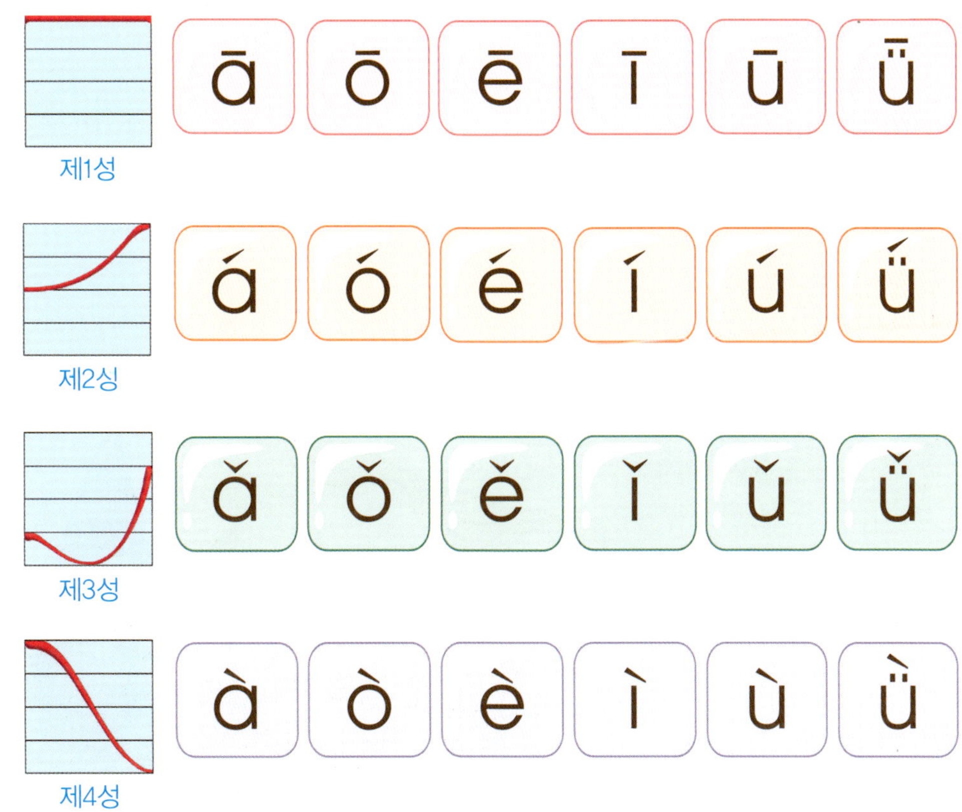

 성조

음의 높낮이를 말해요. 4개의 기본 성조와 경성이 있어요.

제1성 (—) 처음부터 끝까지 같은 음 '솔' 정도의 높이로 평평하게 유지해요.
제2성 (／) 단번에 '미'에서 '솔' 정도의 가장 높은 음까지 끌어올려요.
제3성 (∨) 음을 낮은 위치인 '도' 정도까지 눌렀다가 다시 '솔' 정도까지 끌어올려요.
제4성 (＼) 가장 높은 '솔' 정도에서 가장 낮은 '도' 정도까지 단숨에 내려요.
경성   가볍고 짧게 발음해요.

중국 노래 부르기

❀ 생일 축하합니다! (祝你生日快乐!)

노래를 부를 때는 성조를 지키지 않아요. 멜로디에 따라 발음만 정확하게 부릅니다. '생일축하합니다!'는 같은 문장이 반복되며 끝나는 단순하고 재미있고, 활용빈도가 높은 노래예요.

쭈 니 셩르 쿠와이러
祝 你 生日 快乐!
Zhù nǐ shēngrì kuàilè!

쭈 니 셩르 쿠와이러
祝 你 生日 快乐!
Zhù nǐ shēngrì kuàilè!

쭈 니 셩르 쿠와이러
祝 你 生日 快乐!
Zhù nǐ shēngrì kuàilè!

쭈 니 셩르 쿠와이러
祝 你 生日 快乐!
Zhù nǐ shēngrì kuàilè!

생일 축하합니다!
생일 축하합니다!
생일 축하합니다!
생일 축하합니다!

새단어

祝 zhù 빌다, 축원하다 　　　 你 nǐ 너, 당신 　　　 生日 shēngrì 생일
快乐 kuàilè 즐겁다, 신나다

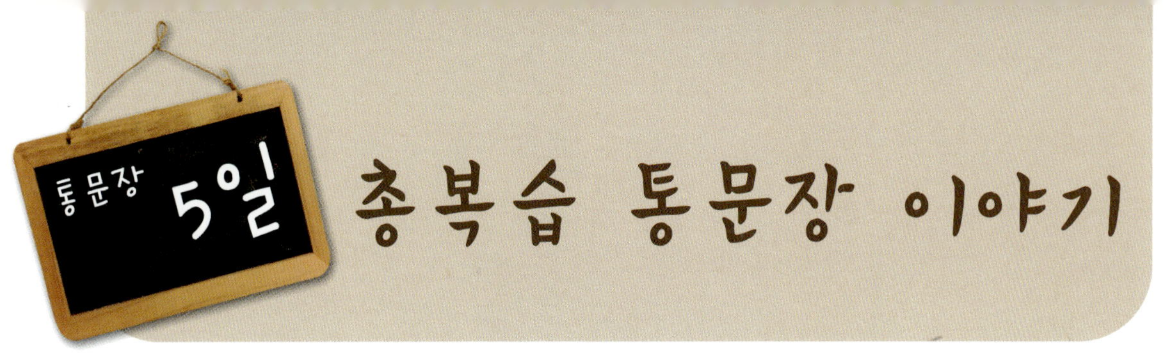

총복습 통문장 이야기

총복습 통문장 이야기

'총복습 통문장 이야기'는 4일 동안 배운 내용을 짧은 상황을 통해 복습하는 파트입니다. 배운 내용 안에서 읽고, 쓰고, 확인하는 과정을 거치며, 자연스럽게 반복학습을 하게 되고, 외우려하지 않아도 배웠던 본문의 내용을 암기하게 됩니다. 또, 일정한 상황 속에서의 회화 내용이다 보니 실제 회화에 앞서 적응훈련이 가능합니다.

첫 번째 '총복습 통문장 이야기'는 앞에서 배운 내용이 발음인 관계로 발음훈련을 돕는 '잰말놀이'로 대체합니다.

Sì shì sì, shí shì shí.

Shísì shì shísì, sìshí shì sìshí.

Shísì bú shì sìshí, sìshí yě bú shì shísì.

4는 4이고, 10은 10이다.
14는 14이고, 40은 40이다.
14는 40이 아니고, 40 역시 14가 아니다.

你好！ 谢谢，老师！

不客气。

你好吗？ 再见！

我很好。

part

Part. 2

인사

통문장 **6일**

안녕하세요!

니 하오
A 你 好!
Nǐ hǎo!

니 하오
B 你 好!
Nǐ hǎo!

짜이 찌엔
A 再 见!
Zàijiàn!

짜이 찌엔
B 再 见!
Zàijiàn!

A : 안녕!
B : 안녕!

A : 잘 가!
B : 잘 있어!

※ 발음 tip

'Nǐ hǎo!'처럼 제3성이 연이어 있는 경우 앞 음절은 제2성으로 발음해요.
'Zàijiàn!'은 두 음절이 모두 제4성이죠. 제4성 발음은 좀 강하기 때문에 제4성이 연이어 있을 때는 앞의 제4성은 반4성으로 윗부분만 발음해 주세요.

새단어

好 hǎo 좋다, 안녕하세요　　　再 zài 다시　　　见 jiàn 보(이)다, 만나다

1 인칭대명사

대표적인 인칭대명사입니다. 중국어에는 존댓말은 없지만, 존칭형의 단어가 존재하니 상대에 따라 주의해서 사용해야 합니다.

인칭	단수	복수
1인칭	我(wǒ) 나	我们(wǒmen) 우리 咱们(zánmen) 우리(듣고 있는 상대방 포함)
2인칭	你(nǐ) 너, 당신 您(nín) 당신(존칭)	你们(nǐmen) 너희들, 당신들
3인칭	他(tā) 그 她(tā) 그녀 它(tā) 그것	他们(tāmen) 그들 她们(tāmen) 그녀들 它们(tāmen) 그것들

밑줄 친 단어를 바꾸어 말해 보세요.

你好! 안녕!
Nǐ hǎo!

您
nín

你们
nǐmen

老师
lǎoshī

您 nín 당신('你'의 존칭)   你们 nǐmen 너희들, 당신들   老师 lǎoshī 선생님

다음 간체자들을 써 보세요.

你 nǐ	너, 당신	ノ イ 亻 仛 竹 你 你
好 hǎo	좋다, 안녕하세요	乚 乄 女 妅 好 好
再 zài	다시	一 厂 万 丙 再 再
见 jiàn	보(이)다, 만나다	丨 冂 贝 见

빈칸에 알맞은 한어병음을 써 넣으세요.

你好!
안녕!

再见!
잘 가!

통문장 중국어 표현 익히기

❀ 여러 가지 인사 표현

请慢走。
Qǐng màn zǒu.
살펴 가세요.

一会儿见!
Yíhuìr jiàn!
잠시 후에 봐요!

早上好!
Zǎoshang hǎo!
좋은 아침입니다!

好久不见!
Hǎojiǔ bú jiàn!
오랜만이에요!

감사합니다!

A 씨에씨에 라오스
谢谢，老师!
Xièxie, lǎoshī!

B 부 커치
不客气。
Bú kèqi.

A 뚸이부치
对不起。
Duìbuqǐ.

B 메이 꾸완시
没关系。
Méi guānxi.

A : 선생님, 감사합니다!
B : 천만에.

A : 죄송해요.
B : 괜찮아.

※ 발음 tip

‘Xièxie’의 ‘xie’, ‘Bú kèqi’의 ‘qi’, ‘Duìbuqǐ’의 ‘bu’, ‘Méi guānxi’의 ‘xi’ 는 모두 경성이에요. 경성은 가볍고 짧게 발음합니다.

‘不’는 성조가 변해요. 보통은 제4성(bù) 으로 발음하지만 뒤에 제4성을 가진 단어와 함께 쓰이면 제2성(bú)으로 발음합니다.

새단어

谢谢 xièxie 감사합니다

不客气 bú kèqi 천만에요

不 bù ~아니다

对不起 duìbuqǐ 미안합니다

客气 kèqi 겸손하다, 사양하다

没关系 méi guānxi 괜찮습니다

① **谢谢，老师!** 선생님, 감사합니다!

> 감사의 마음을 표현하는 말로, 단독으로 혹은 뒤에 상대방을 붙여서 쓰기도 해요. 대답 표현으로는 보통 '不客气。Bú kèqi.'나 '不用谢。Búyòng xiè.'를 써요.

② **对不起。** 죄송해요.

> 사과의 마음을 표현하는 말로 유사한 표현으로 '不好意思。Bù hǎoyìsi.'가 있어요. 대답 표현으로는 보통 '没关系。Méi guānxi.', '没事儿。Méi shìr.' 등이 있어요.

밑줄 친 단어를 바꾸어 말해 보세요.

谢谢， 老师!
Xièxie, lǎoshī!
선생님, 감사합니다!

你们
nǐmen

妈妈
māma

爸爸
bàba

妈妈 māma 엄마 爸爸 bàba 아빠

다음 간체자들을 써 보세요.

谢 xiè	감사합니다	` 讠 讠 讠 讠 讠 讠 讠 谢 谢
不 bù	~아니다	一 ア 才 不
对 duì	맞다	フ 又 ヌ 对 对
没 méi	없다	` ` 氵 氵 汐 没 没

빈칸에 알맞은 한어병음을 써 넣으세요.

谢谢，老师！
선생님, 감사합니다!

不客气。
천만에.

对不起。
죄송해요.

没关系。
괜찮아.

통문장 중국 문화 엿보기

✿ 중국 상식

* **수도** 베이징(北京 Běijīng)

* **면적** 약 960만㎢(한반도의 약 43.6배)

* **언어** 중국어(보통화 普通话 pǔtōnghuà), 8종류의 방언

* **환율** 1위안(元 yuán)=180.28원 (2015. 12. 01 현재)

▲ 중국 전도

✱ 한국과의 시차

한국보다 1시간 늦어 한국이 오전 10시면 중국은 오전 9시가 됩니다.

✱ 민족

56개 민족으로 한족이 인구의 92%를 차지하고, 나머지 55개 소수민족으로 구성되어 있습니다.

✱ 인구 문제

중국의 인구는 약 13억 명이 넘으며, 세계 1위로 전세계 인구의 1/5을 차지합니다. 중국 정부는 1980년대 이후부터 인구증가를 막기 위해 '한 가정 한 자녀 갖기' 등 산아제한을 하였는데, 최근에는 저출산과 인구고령화 및 도시화, 핵가족화 등으로 인구증가율이 점차 감소하고 있어 35년간 유지되었던 '한 자녀 정책'을 공식 폐지하고 '두 자녀 정책'을 도입하기로 하였습니다.

산아제한 정책 포스터▶

들어오세요.

A 请 进。
칭 찐
Qǐng jìn.

B 请 坐。
칭 쭈어
Qǐng zuò.

C 请 说。
칭 슈어
Qǐng shuō.

D 请 听。
칭 팅
Qǐng tīng.

A : 들어오세요.
B : 앉으세요.
C : 말씀하세요.
D : 들어보세요.

※ 발음 tip

'제3성이 두 개 있을 때, 앞의 제3성은 제2성으로 발음한다' 기억하시죠. 그 외에 제3성이 제1성, 제2성 혹은 경성 앞에 올 때, 앞의 제3성은 '반3성'으로 발음해요. 즉, 제3성의 앞부분만 발음하시면 돼요.

새단어

请 qǐng ~해 주세요(상대방에게 어떤 일을 부탁할 때 쓰는 경어)　　进 jìn 들어오다, 들어가다
坐 zuò 앉다, 타다　　　　说 shuō 말하다　　　　听 tīng 듣다

1 **请进。** 들어오세요.

'请 qǐng'은 상대방에게 어떤 일을 부탁하거나 권할 때 쓰며, 단독으로 쓰이기도 하고 동사목적어․ 앞에 쓰이기도 해요. 어른들이나 손님 등에게는 되도록 문장 앞에 붙여서 활용하면 매너 있는 사람으로 보일 거예요.

- 请别客气。Qǐng bié kèqi. 자, 사양하지 마세요.

别 bié ～하지 마라

'请'은 공손한 존칭의 표현으로 상황에 따라서 딱딱한 어감을 줄 수 있어요. 좀 더 편하게 상황을 전달하고 싶을 때는 문장 끝에 '吧(ba 문장 끝에 쓰여 제의, 명령, 추측의 어기를 나타내며, 보통 해석되지 않음)'를 쓸 수 있어요. 대상에 상관없이 쓸 수 있지만, '请'보다 가볍고, 친근한 어감을 살릴 수 있어요.

- 坐吧。Zuò ba. 앉자.
- 说吧。Shuō ba. 말해 봐.

밑줄 친 단어를 바꾸어 말해 보세요.

请进。 들어오세요.
Qǐng jìn.

看
kàn

写
xiě

站起来
zhàn qǐlái

看 kàn 보다　写 xiě (글씨를) 쓰다　站起来 zhàn qǐlái 일어나다

다음 간체자들을 써 보세요.

进 jìn	들어오다, 들어가다	一 二 キ 井 讲 进
坐 zuò	앉다, 타다	ノ 人 ハ 从 坐 坐 坐
说 shuō	말하다	` i i i' 讨 说 说 说
听 tīng	듣다	l 口 口 旷 听 听 听

빈칸에 알맞은 한어병음을 써 넣으세요.

请进。
들어오세요.

请坐。
앉으세요.

请说。
말씀하세요.

请听。
들어보세요.

 통문장 **중국** 어휘 늘리기

❀ 여러 가지 동작 동사

看 kàn
보다

念 niàn
읽다

走 zǒu
걷다, 가다

跑 pǎo
뛰다

穿 chuān
입다, 신다

脱 tuō
벗다

爬 pá
기어오르다

玩儿 wánr
놀다

踢 tī
차다

唱 chàng
부르다

안녕하셨어요?

A 你 好 吗?
Nǐ hǎo ma?

B 我 很 好。
Wǒ hěn hǎo.

A 老师 好 吗?
Lǎoshī hǎo ma?

B 她 不太 好。
Tā bútài hǎo.

A : 너 잘 지내니?
B : 난 잘 지내.

A : 선생님은 잘 지내시나요?
B : 그녀는 그다지 잘 지내지 못해요.

※ 발음 tip

제3성(˘)이 성조변화 한다는 거 기억하
시죠! 제3성이 세 개 있을 때도 변화시켜
주세요.
보통 제3성(˘) + 제3성(˘) + 제3성
(˘)은 제2성(ノ) + 제3성(˘) + 제3성
(˘) 혹은 제2성(ノ) + 제2성(ノ) + 제3
성(˘)으로 발음해요.

새단어

吗 ma ~입니까?(의문조사)　　　很 hěn 매우　　　不太 bú tài 그다지 ~하지 않다

① **你好吗?** 너 잘 지내니?

'你好! Nǐ hǎo!'와 비슷해 보이지만 차이가 있으니 주의해서 사용하세요. '你好!'는 시간이나 장소, 신분에 관계없이 쓸 수 있는 인사 표현으로 상대방의 대답도 똑같이 '你好!'라고 하면 됩니다. 그러나 '你好吗? Nǐ hǎo ma?'는 보통 이미 알고 있는 사이에 사용하고 대답도 '나는 ~ 하다'로 합니다. 잘 지낸다면 '我很好。Wǒ hěn hǎo.', 잘 지내지 못한다면 '我不好。Wǒ bù hǎo.'로 그때그때 상황에 맞추어 대답하면 됩니다.

② **'吗'자 의문문**

중국어 의문문의 대표적인 형태예요. 그냥 평서문 문장 끝에 '吗? ma?'를 붙이고, 문장 끝의 어기를 살짝 올려서 발음해 주기만 하면 돼요.

밑줄 친 단어를 바꾸어 말해 보세요.

我很好。 나는 잘 지냅니다.
Wǒ hěn hǎo.

高兴
gāoxìng

累
lèi

饿
è

高兴 gāoxìng 기쁘다, 즐겁다　累 lèi 피곤하다　饿 è 배고프다

다음 간체자들을 써 보세요.

吗 ma	~입니까?	丨 冂 口 叮 吗 吗
老 lǎo	늙다	一 十 土 耂 耂 老
师 shī	스승, 선생	丨 刂 圹 圻 师 师
她 tā	그녀	乚 乂 女 如 如 她

빈칸에 알맞은 한어병음을 써 넣으세요.

你好吗?
너 잘 지내니?

我很好。
난 잘 지내.

老师好吗?
선생님은 잘 지내시나요?

她不太好。
그녀는 그다지 잘 지내지 못해요.

❀ 중국의 한자

　중국어를 배우다 보면 우리나라에서 쓰는 한자가 중국의 한자와 다르다는 것을 알 수 있습니다. 한자는 비록 중국에서 생겨났지만, 현재는 우리나라뿐 아니라 일본, 동남아 등의 여러 나라가 쓰고 있죠. 하지만 중국은 1960년대 이후 한자를 좀 더 쉽게 쓸 수 있도록 간략화된 한자인 '간체자'를 사용하고 있어요. 반면 우리나라와 대만, 기타 중국의 화교들은 예전 그대로의 한자를 쓰고 있는데, 이를 '번체자'라고 합니다. 한자를 배우기 어려워하는 분들은 간체자를 통해 좀 더 쉽게 중국어를 배울 수 있습니다. 만약 한자에 대한 지식이 있는 분들이라면 번체자가 간체자로 간략화되는 몇 가지 원리만 알면 중국어 쓰기는 그다지 어렵지 않을 거예요. 예를 들면 아래의 부수변화와 같습니다.

言 ➡ 讠	語 ➡ 语
食 ➡ 饣	飯 ➡ 饭
馬 ➡ 马	媽 ➡ 妈
金 ➡ 钅	銀 ➡ 银
門 ➡ 门	問 ➡ 问
見 ➡ 见	視 ➡ 视
貝 ➡ 贝	員 ➡ 员
車 ➡ 车	軍 ➡ 军
艹 ➡ 艹	芳 ➡ 芳
丬 ➡ 丬	將 ➡ 将
鳥 ➡ 鸟	島 ➡ 岛
糸 ➡ 纟	紅 ➡ 红

學習 학습	→	学习
身體 신체	→	身体
開門 개문	→	开门
烏龜 오귀	→	乌龟

총복습 통문장 이야기

인사와 관련된 내용이에요. 한자와 한어병음, 해석을 보면서 큰 소리로 읽어 보세요.

원빈은 중국에서 함께 공부했던 피터와 중국 기차 여행을 하기 위해 중국에 왔습니다. 피터는 공부를 계속하면서 베이징에 머물고 있습니다. 그들은 기차를 타고 내몽고를 향해 갈 계획이라 기차역에서 만났습니다.

元斌 Yuán Bīn	彼得，你好吗? Bǐdé, nǐ hǎo ma?
彼得 Bǐdé	我很好。看你，我很高兴。坐吧。 Wǒ hěn hǎo. Kàn nǐ, wǒ hěn gāoxìng. Zuò ba.
元斌 Yuán Bīn	谢谢! Xièxie!

원빈	피터, 잘 지냈어?
피터	나는 잘 지냈지. 너 보니까, 나는 매우 기뻐. (짐을 치우며) 앉자.
원빈	고마워!

시간이 되어 둘은 기차에 오릅니다. 기차는 많은 사람들로 매우 붐비고 있어요. 그들은 자리를 찾는 다른 사람들과 부딪치거나 발을 밟기도 합니다.

彼得 Bǐdé	对不起。 Duìbuqǐ.
别的乘客 Bié de chéngkè	没关系。 Méi guānxi.

피터	미안합니다.
다른 승객	괜찮아요.

중국 기차는 네 가지 좌석(p.175 참조)이 있는데, 둘은 일반침대칸을 예약했었어요. 그들은 자신들의 침대에 앉습니다.

元斌 Yuán Bīn	老师好吗? Lǎoshī hǎo ma?
彼得 Bǐdé	听说，老师不太好。她很累。 Tīng shuō, lǎoshī bútài hǎo. Tā hěn lèi.

원빈	선생님은 안녕하시니?
피터	내가 듣기에 선생님은 그다지 잘 지내지 못하셔. 그녀는 피곤해.

둘은 이야기를 나누며 차창 밖의 풍경을 감상합니다.

彼得 Bǐdé	小元，看! 很好。 Xiǎo Yuán, kàn! Hěn hǎo.

피터	빈아, 봐! (차창을 가리키며) 너무 좋다.

둘은 아주 즐겁게 여행을 시작하고 있습니다.

빈 공간에 한어병음을 써 보세요. 한어병음을 쓰면서 큰 소리로 읽어 보세요.

원빈　　　　피터, 잘 지냈어?
Yuán Bīn　　Bǐdé, _______________?

피터　　　　나는 잘 지냈지. 너 보니까, 나는 매우 기뻐. (짐을 치우며) 앉자.
Bǐdé　　　　_______________. Kàn nǐ, _______________. Zuò ba.

원빈　　　　고마워!
Yuán Bīn　　_______________!

피터　　　　미안합니다.
Bǐdé　　　　_______________.

다른 승객　　괜찮아요.
Bié de
chéngkè　　　_______________.

원빈　　　　선생님은 안녕하시니?
Yuán Bīn　　_______________?

피터　　　　내가 듣기에 선생님은 그다지 잘 지내지 못하셔. 그녀는 피곤해.
Bǐdé　　　　Tīng shuō, _______________. _______________.

피터　　　　빈아, 봐! (차창 밖을 가리키며) 너무 좋다.
Bǐdé　　　　Xiǎo Yuán, kàn! _______________.

앞에서 써 본 한어병음이 맞는지 확인하면서 빈 공간에 중국어를 써 보세요.

| Yuán Bīn | Bǐdé, nǐ hǎo ma? |
| 元斌 | 彼得，　　　　　　　？ |

| Bǐdé | Wǒ hěn hǎo. Kàn nǐ, wǒ hěn gāoxìng. Zuò ba. |
| 彼得 | 　　　　　　　。看你，　　　　　　　。坐吧。 |

| Yuán Bīn | Xièxie! |
| 元斌 | 　　　　　！ |

| Bǐdé | Duìbuqǐ. |
| 彼得 | 　　　　　。 |

| Bié de chéngkè | Méi guānxi. |
| 别的乘客 | 　　　　　。 |

| Yuán Bīn | Lǎoshī hǎo ma? |
| 元斌 | 　　　　　　　？ |

| Bǐdé | Tīng shuō, lǎoshī bútài hǎo. Tā hěn lèi. |
| 彼得 | 听说，　　　　　　　。　　　　　　　。 |

| Bǐdé | Xiǎo Yuán, kàn! Hěn hǎo. |
| 彼得 | 小元，看！　　　　　　　。 |

你好！ 谢谢，老师！

不客气。

你好吗？ 再见！

我很好。

part

소개

이름이 뭐예요?

A
닌 꾸에이씽
您 贵姓?
Nín guìxìng?

B
워 씽 위엔 지아오 위엔 삔
我 姓 元, 叫 元 斌。
Wǒ xìng Yuán, jiào Yuán Bīn.

A
니 지아오 션머 밍쯔
你 叫 什么 名字?
Nǐ jiào shénme míngzi?

B
워 지아오 팡 홍
我 叫 方 红。
Wǒ jiào Fāng Hóng.

A : 당신은 성이 어떻게 되세요?
B : 나는 성이 원이고, 원빈이라고 합니다.

A : 당신은 이름이 뭐예요?
B : 저는 팡홍이라고 합니다.

새단어

贵 guì 비싸다, 존칭어
元斌 Yuán Bīn 원빈(인명)
方红 Fāng Hóng 팡홍(인명)

姓 xìng 성이 ~이다
什么 shénme 무슨(의문대명사)

叫 jiào ~라고 부르다
名字 míngzi 이름

① 이름 묻는 표현

중국에서는 이름을 묻는 표현과 함께 성씨를 묻는 표현도 많이 사용됩니다. 중국 사람들은 보통 성씨 뒤에 호칭을 붙여 쓰는 경우가 많기 때문이에요. 그러니 이름을 묻는 표현과 함께 성씨를 묻는 표현도 외워서 많이 활용하세요.

② 특지의문문

중국어로 의문문을 만드는 방법으로는 보통 크게 두 가지가 있어요. '你好吗? Nǐ hǎo ma?' 와 같은 '吗'자 의문문과 특지의문문이에요. 누가, 언제, 어디서 등의 의문사를 사용한 의문문 을 특지의문문이라고 하는데, 문장에서의 위치는 그때그때 달라요. '你叫什么名字? Nǐ jiào shénme míngzi?'에서는 이름을 묻는 상황이니 이름(名字) 앞에 사용하게 됩니다.

밑줄 친 단어를 바꾸어 말해 보세요.

<u>你</u>叫什么名字?
Nǐ jiào shénme míngzi?
당신은 이름이 뭐예요?

他
tā

你弟弟
nǐ dìdi

你朋友
nǐ péngyou

弟弟 dìdi 남동생　朋友 péngyou 친구

다음 간체자들을 써 보세요.

姓 xìng	성이 ~이다	ㄑ ㄑ ㄨ ㄨㄧ ㄨㅓ 姓 姓
叫 jiào	~라고 부르다	ㅣ ㅁ ㅁ ㅁㅕ 叫
名 míng	이름	ㄱ ㄱ ㄱ ㄱ 名 名
字 zì	글자, 문자	ㄱ ㄱ ㄱ 字 字 字

빈칸에 알맞은 한어병음을 써 넣으세요.

您贵姓?
당신은 성이 어떻게 되세요?

我姓○。
저는 성이 ○입니다.

你叫什么名字?
당신은 이름이 뭐예요?

我叫○○。
저는 ○○이라고 합니다.

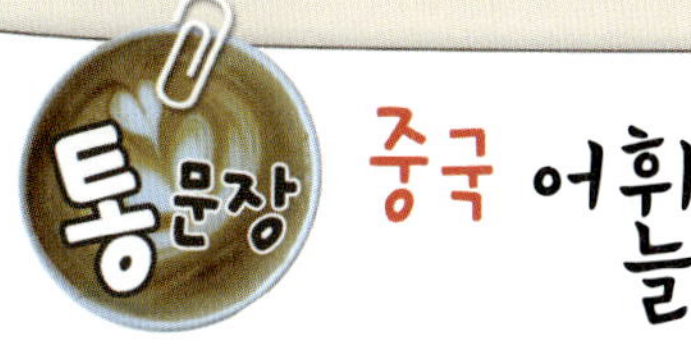

통문장 중국 어휘 늘리기

❀ 신체 표현

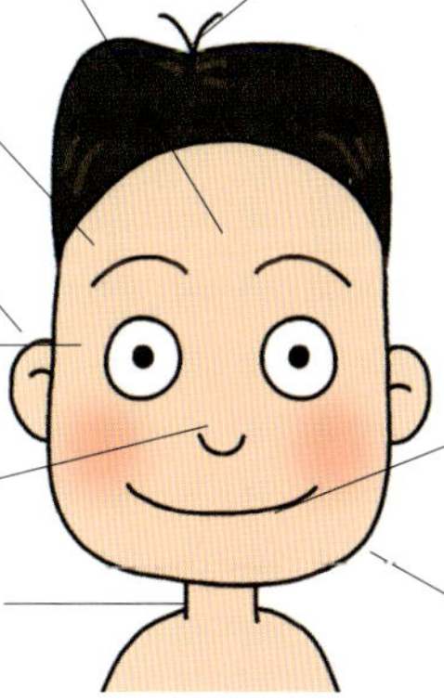
头发 tóufa 머리카락
额头 étóu 이마
头 tóu 머리
眉毛 méimao 눈썹
耳朵 ěrduo 귀
眼睛 yǎnjing 눈
嘴 zuǐ 입
鼻子 bízi 코
脖子 bózi 목
脸 liǎn 얼굴

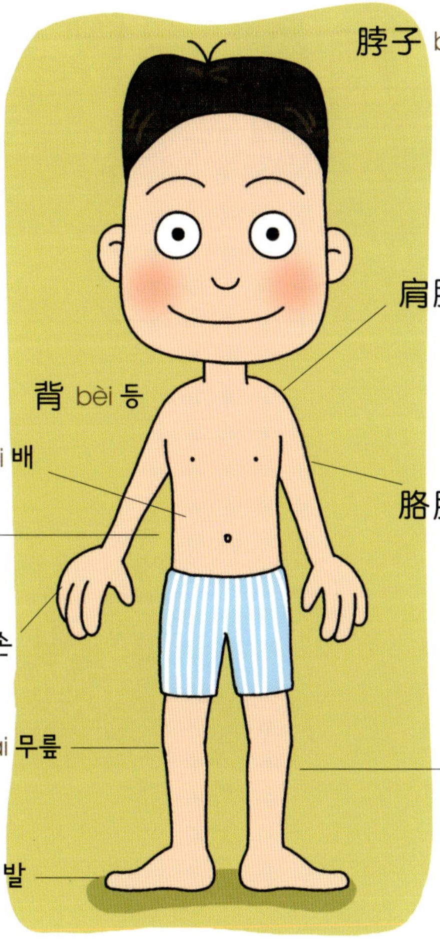
肩膀 jiānbǎng 어깨
背 bèi 등
肚子 dùzi 배
胳膊 gēbo 팔
腰 yāo 허리
手 shǒu 손
膝盖 xīgài 무릎
腿 tuǐ 다리
脚 jiǎo 발

어느 나라 사람이죠?

A 니 스 나 궈 런
你 是 哪 国 人?
Nǐ shì nǎ guó rén?

B 워 스 한궈런
我 是 韩国人。
Wǒ shì Hánguórén.

A 니 스 한궈런 마
你 是 韩国人 吗?
Nǐ shì Hánguórén ma?

B 워 부 스 한궈런
我 不 是 韩国人。
Wǒ bú shì Hánguórén.

A : 당신은 어느 나라 사람이죠?
B : 저는 한국인이에요.

A : 당신은 한국인인가요?
B : 저는 한국인이 아니에요.

※ 발음 tip

　'韩国人 Hánguórén'이라는 단어는 모두 2성으로, 발음하기가 쉽지 않아요. 중국인도 2성을 다 살려서 발음하는 것은 쉽지 않기 때문에 이렇게 3음절의 단어는 보통 두 번째 음절을 가볍게 경성처럼 읽는 경향이 있어요.

새단어

是 shì ~이다, 응, 네　　　哪 nǎ 어느(의문대명사)　　　国 guó 나라
韩国 Hánguó 한국

1 동사 '是'

동사 '是 shì'이 쓰인 문장을 일명 '是자문'이라고 해요. 동사 '是'의 뒤에 오는 목적어는 주어를 설명하는 역할을 해요. 부정형은 앞에 부정부사 '不 bú'를 붙여요.

2 의문사 '哪'

의문사 '哪 nǎ'는 '어느'라는 뜻으로 같은 종류의 사람, 사물들 가운데 하나를 정확하게 지적하여 대답할 것을 요구할 때 써요.

통 문장 단어 교체하기

밑줄 친 단어를 바꾸어 말해 보세요.

我是韩国人。
Wǒ shì Hánguórén.
저는 한국인입니다.

美国人
Měiguórén

中国人
Zhōngguórén

日本人
Rìběnrén

美国 Měiguó 미국　中国 Zhōngguó 중국　日本 Rìběn 일본

다음 간체자들을 써 보세요.

是 shì	~이다, 응, 네	ㅣ ㄇ ㄇ 日 且 早 早 昱 是
	是	
哪 nǎ	어느	ㅣ ㄇ ㅁ ㅁ ㅁ ㅁ 明 哪 哪
	哪	
韩 Hán	나라 이름	一 十 占 吉 卓 卓 韩
	韩	
国 guó	나라	ㅣ ㄇ ㄇ ㅁ 国 国 国
	国	

빈칸에 알맞은 한어병음을 써 넣으세요.

你是哪国人?
당신은 어느 나라 사람이죠?

我是韩国人。
저는 한국인이에요.

你是韩国人吗?
당신은 한국인인가요?

我不是韩国人。
저는 한국인이 아니에요.

통문장 중국 어휘 늘리기

❀ 각 나라 및 수도

韩国 한국
Hánguó
首尔 서울
Shǒu'ěr

中国 중국
Zhōngguó
北京 베이징
Běijīng

美国 미국
Měiguó
华盛顿 워싱턴
Huáshèngdùn

日本 일본
Rìběn
东京 도쿄
Dōngjīng

印度 인도
Yìndù
新德里 뉴델리
Xīndélǐ

新加坡 싱가포르
Xīnjiāpō
新加坡 싱가포르
Xīnjiāpō

法国 프랑스
Fǎguó
巴黎 파리
Bālí

菲律宾 필리핀
Fēilǜbīn
马尼拉 마닐라
Mǎnílā

俄罗斯 러시아
Éluósī
莫斯科 모스크바
Mòsīkē

英国 영국
Yīngguó
伦敦 런던
Lúndūn

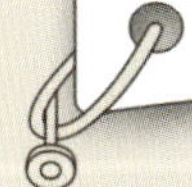

어디 살아요?

A
니 쭈 짜이 날
你 住 在 哪儿?
Nǐ zhù zài nǎr?

B
워 쭈 짜이 쇼우얼
我 住 在 首尔。
Wǒ zhù zài Shǒu'ěr.

A
니 지아 짜이 날
你 家 在 哪儿?
Nǐ jiā zài nǎr?

B
워 지아 짜이 밍똥
我 家 在 明洞。
Wǒ jiā zài Míngdòng.

A : 당신은 어디 살아요?
B : 저는 서울에 살아요.
A : 당신 집은 어디에 있어요?
B : 우리 집은 명동에 있어요.

※ 발음 tip

'a, o, e'로 시작하는 음절이 다른 음절의 뒤에 이어서 쓰일 경우, 음절 간의 경계를 분명히 구분하기 위해 격음부호 ' ' '를 사용해요. '首尔 Shǒu'ěr'에서 'Shǒu'와 'ěr'은 두 음절이라는 것을 알 수 있어요.

새단어

住在 zhù zài ~에 살다
在 zài ~에 있다
哪儿 nǎr 어디(의문대명사)
明洞 Míngdòng 명동(지명)
家 jiā 집

1 **你住在哪儿?** 당신은 어디 살아요?

'住在 zhù zài'는 '~에 살다'란 뜻으로 거주지를 물을 때 써요. '在 zài'를 생략하고, '你住哪儿? Nǐ zhù nǎr?'이라고도 해요.

2 **你家在哪儿?** 당신 집은 어디에 있어요?

'在 zài'는 '住在 zhù zài'와 같은 결합 형태 외에도 단독으로 활용되어 '~에, ~에서'라는 뜻으로 쓰입니다.

밑줄 친 단어를 바꾸어 말해 보세요.

我家在<u>明洞</u>。
Wǒ jiā zài Míngdòng.
우리 집은 명동에 있습니다.

首尔
Shǒu'ěr

望京
Wàngjīng

二楼
èr lóu

望京 Wàngjīng 왕징(지명)　　二楼 èr lóu 2층

다음 간체자들을 써 보세요.

住 zhù	살다	ノ イ イ´ 仁 住 住 住
首 shǒu	머리	丷 丷 产 首 首 首 首
明 míng	밝다	丨 冂 冂 日 日 明 明 明
洞 dòng	구멍	氵 氵 汩 汩 洞 洞 洞

빈칸에 알맞은 한어병음을 써 넣으세요.

你住在哪儿?
당신은 어디에 살아요?

我住在首尔。
저는 서울에 살아요.

你家在哪儿?
당신 집은 어디에 있어요?

我家在明洞。
우리 집은 명동에 있어요.

❀ 주택·집 안·방 안 관련 용어

平房 píngfáng 단층집

楼房 lóufáng 다층건물

公寓 gōngyù 아파트

客厅 kètīng 거실

阳台 yángtái 베란다

窗户 chuānghu 창문

厨房 chúfáng 주방

洗手间 xǐshǒujiān 화장실

门 mén 문

床 chuáng 침대

桌子 zhuōzi 책상

椅子 yǐzi 의자

가족이 몇 명이죠?

A 你 家 有 几 口 人?
니 지아 요우 지 코우 런
Nǐ jiā yǒu jǐ kǒu rén?

B 我 家 有 四 口 人。
워 지아 요우 쓰 코우 런
Wǒ jiā yǒu sì kǒu rén.

爸爸、妈妈、姐姐 和 我。
빠바　　마마　　지에지에　허　워
Bàba、māma、jiějie hé wǒ.

A 你 有 弟弟 吗?
니 요우 띠디 마
Nǐ yǒu dìdi ma?

B 我 没有 弟弟。
워 메이요우 띠디
Wǒ méiyǒu dìdi.

A : 당신 가족은 몇 명이죠?
B : 우리 집은 네 식구예요.
　　아빠, 엄마, 누나 그리고 제가 있어요.
A : 당신은 남동생이 있어요?
B : 나는 남동생이 없어요.

※ 발음 tip

　가족 호칭은 보통 같은 음절이 반복되는 경우가 많아요. 이런 경우 두 번째 음절은 경성으로 발음해요.

새단어

有 yǒu 있다
口 kǒu 식구(양사)
没有 méiyǒu 없다

几 jǐ 몇(의문사)
人 rén 사람

四 sì 넷(4)
姐姐 jiějie 누나, 언니

1 의문사 '几'

'几 jǐ'는 수량을 물을 때 쓰는 의문사로 보통 10 이하의 수를 물을 때 씁니다.

2 양사

우리가 한 권, 두 권 혹은 한 명, 두 명이라고 하듯이 중국에서도 물건이나 사람을 셀 때 '수사 + 양사'를 사람이나 사물 앞에 씁니다. 가장 광범위하게 쓰이는 양사인 '个 ge'는 사물과 사람에 모두 쓸 수 있어요.

3 동사 '有'

술어에 '有 yǒu'가 쓰인 문장을 '有자문'이라고 해요. 이 문형은 소유관계를 나타내며, 부정형은 '不 bù'를 쓰지 않고, '没有 méiyǒu'를 써요.

밑줄 친 단어를 바꾸어 말해 보세요.

你家有几口人?
Nǐ jiā yǒu jǐ kǒu rén?
당신 가족은 몇 명입니까?

个/人
ge/rén

本/书
běn/shū

瓶/啤酒
píng/píjiǔ

个 ge 개(양사)   本 běn 권(양사)   书 shū 책   瓶 píng 병(양사)   啤酒 píjiǔ 맥주

다음 간체자들을 써 보세요.

有 yǒu	있다	ノ ナ ナ オ 有 有 有
几 jǐ	몇	ノ 几
爸 bà	아빠	ノ ハ ハ 父 グ グ 爷 爸
妈 mā	엄마	く 夕 夕 如 妈 妈

빈칸에 알맞은 한어병음을 써 넣으세요.

你家有几口人?
당신 가족은 몇 명이죠?

我家有四口人。
우리 집은 네 식구예요.

你有弟弟吗?
당신은 남동생이 있어요?

我没有弟弟。
나는 남동생이 없어요.

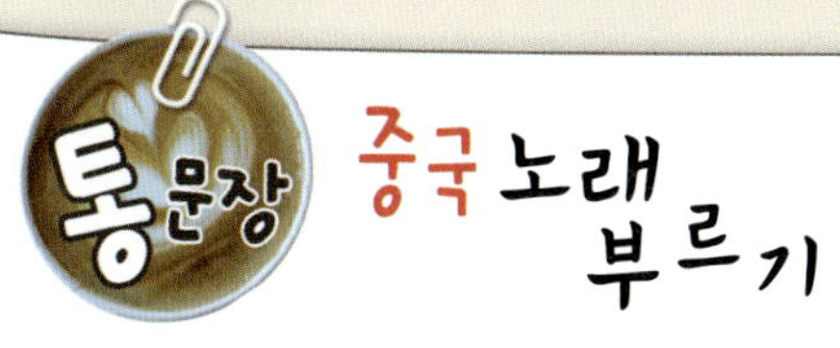

🍀 가족 노래 1(家族歌1)

빠바 더 빠바 지아오 션머　빠바 더 빠바 지아오 예예
爸爸 的 爸爸 叫 什么? 爸爸 的 爸爸 叫 爷爷。
Bàba de bàba jiào shénme? Bàba de bàba jiào yéye.

빠바 더 마마 지아오 션머　빠바 더 마마 지아오 나이나이
爸爸 的 妈妈 叫 什么? 爸爸 的 妈妈 叫 奶奶。
Bàba de māma jiào shénme? Bàba de māma jiào nǎinai.

빠바 더 꺼거 지아오 션머　빠바 더 꺼거 지아오 보보
爸爸 的 哥哥 叫 什么? 爸爸 的 哥哥 叫 伯伯。
Bàba de gēge jiào shénme? Bàba de gēge jiào bóbo.

빠바 더 띠디 지아오 션머　빠바 더 띠디 지아오 슈슈
爸爸 的 弟弟 叫 什么? 爸爸 的 弟弟 叫 叔叔。
Bàba de dìdi jiào shénme? Bàba de dìdi jiào shūshu.

빠바 더 지에메이 지아오 션머　빠바 더 지에메이 지아오 꾸구
爸爸 的 姐妹 叫 什么? 爸爸 的 姐妹 叫 姑姑。
Bàba de jiěmèi jiào shénme? Bàba de jiěmèi jiào gūgu.

아빠의 아빠는 뭐라고 불러요? 아빠의 아빠는 할아버지라고 불러요.
아빠의 엄마는 뭐라고 불러요? 아빠의 엄마는 할머니라고 불러요.
아빠의 형은 뭐라고 불러요? 아빠의 형은 큰아빠라고 불러요.
아빠의 남동생은 뭐라고 불러요? 아빠의 남동생은 작은아빠라고 불러요.
아빠의 여자 형제는 뭐라고 불러요? 아빠의 여자 형제는 고모라고 불러요.

새단어

爷爷 yéye 할아버지　　奶奶 nǎinai 할머니　　哥哥 gēge 형, 오빠
伯伯 bóbo 큰아빠　　叔叔 shūshu 작은아빠　　姐妹 jiěmèi 자매
姑姑 gūgu 고모

소개와 관련된 내용이에요. 한자와 한어병음, 해석을 보면서 큰 소리로 읽어 보세요.

　원빈은 침대칸 1층에, 피터는 침대칸 2층에 자리를 잡았어요. 그들은 맞은편 침대에 있는 다른 중국인 가족과 이야기를 합니다. (중국 기차의 일반침대칸은 보통 3층으로 되어 있어 서로 마주보고 있어요. 가운데 작은 테이블이 있어 물건을 올려 놓을 수 있어요.)

中国人 Zhōngguórén	你们是哪国人? Nǐmen shì nǎ guó rén?
彼得 Bǐdé	我是美国人, 他是韩国人。你住在内蒙古吗? Wǒ shì Měiguórén, tā shì Hánguórén. Nǐ zhù zài Nèiměnggǔ ma?
中国人 Zhōngguórén	我家在北京。我弟弟住在内蒙古。 Wǒ jiā zài Běijīng. Wǒ dìdi zhù zài Nèiměnggǔ.

중국인	당신들은 어느 나라 사람이죠?
피터	저는 미국 사람이고, 얘는 한국 사람이에요. 당신은 내몽고에 사나요?
중국인	우리 집은 베이징에 있어요. 내 남동생이 내몽고에 살아요.

| 元斌
Yuán Bīn | 你家有三口人吗？
Nǐ jiā yǒu sān kǒu rén ma? |
| 中国人
Zhōngguórén | 是，我家有三口人。我爱人、我女儿和我。
Shì, wǒ jiā yǒu sān kǒu rén. Wǒ àiren、wo nǚ'ér hé wǒ. |

| 원빈 | (세 식구의 가족을 보며) 당신 집은 세 식구인가요? |
| 중국인 | 네, 우리 집은 세 식구예요. 아내, 딸 그리고 저요. |

中国人的女儿 Zhōngguórén de nǚ'ér	你好！ Nǐ hǎo!
元斌, 彼得 Yuán Bīn, Bǐdé	你好！你叫什么名字？ Nǐ hǎo! Nǐ jiào shénme míngzi?
中国人的女儿 Zhōngguórén de nǚ'ér	我叫方红。 Wǒ jiào Fāng Hóng.

중국인의 딸	안녕하세요!
원빈, 피터	안녕! 너 이름이 뭐니?
중국인의 딸	팡훙이에요.

재미있게 이야기를 나누며 밤이 되었어요. 중국인 가족은 잠이 들었어요. 피터도 잠자리에 들 준비를 합니다. 그런데 원빈은 잠이 오지 않네요.

| 元斌
Yuán Bīn | 彼得，你有书吗？
Bǐdé, nǐ yǒu shū ma? |
| 彼得
Bǐdé | 是，有一本。
Shì, yǒu yì běn. |

| 원빈 | 피터, 너 책 있어? |
| 피터 | 응, 한 권 있어. |

빈 공간에 한어병음을 써 보세요. 한어병음을 쓰면서 큰 소리로 읽어 보세요.

| 중국인 | 당신들은 어느 나라 사람이죠? |
| Zhōngguórén | ______________________ ? |

피터	저는 미국 사람이고, 얘는 한국 사람이에요. 당신은 내몽고에 사나요?
Bǐdé	______________ , ______________ .
	Nǐ zhù zài Nèiměnggǔ ma?

| 중국인 | 우리 집은 베이징에 있어요. 내 남동생이 내몽고에 살아요. |
| Zhōngguórén | ______________ . ______________ . |

| 원빈 | (세 식구의 가족을 보며) 당신 집은 세 식구인가요? |
| Yuán Bīn | ______________________ ? |

| 중국인 | 네, 우리 집은 세 식구에요. 아내, 딸 그리고 저요. |
| Zhōngguórén | Shì, ______________ . Wǒ àiren、______________ . |

| 중국인의 딸 | 안녕하세요! |
| Zhōngguórén de nǚ'ér | Nǐ hǎo! |

| 원빈, 피터 | 안녕! 너 이름이 뭐니? |
| Yuán Bīn, Bǐdé | Nǐ hǎo! ______________ ? |

| 중국인의 딸 | 팡홍이에요. |
| Zhōngguórén de nǚ'ér | Wǒ jiào Fāng Hóng. |

| 원빈 | 피터, 너 책 있어? |
| Yuán Bīn | Bǐdé, ______________ ? |

| 피터 | 응, 한 권 있어. |
| Bǐdé | Shì, yǒu yì běn. |

Zhōngguórén 中国人	Nǐmen shì nǎ guó rén? ?
Bǐdé 彼得	Wǒ shì Měiguórén, tā shì Hánguórén. Nǐ zhù zài Nèiměnggǔ ma? ， 。 你住在内蒙古吗?
Zhōngguórén 中国人	Wǒ jiā zài Běijīng. Wǒ dìdi zhù zài Nèiměnggǔ. 。 。
Yuán Bīn 元斌	Nǐ jiā yǒu sān kǒu rén ma? ?
Zhōngguórén 中国人	Shì, wǒ jiā yǒu sān kǒu rén. Wǒ àiren、wǒ nǚ'ér hé wǒ. 是， 。我爱人、 。
Zhōngguórén de nǚ'ér 中国人的女儿	Nǐ hǎo! 你好!
Yuán Bīn, Bǐdé 元斌, 彼得	Nǐ hǎo! Nǐ jiào shénme míngzi? 你好! ?
Zhōngguórén de nǚ'ér 中国人的女儿	Wǒ jiào Fāng Hóng. 我叫方红。
Yuán Bīn 元斌	Bǐdé, nǐ yǒu shū ma? 彼得， ?
Bǐdé 彼得	Shì, yǒu yì běn. 是，有一本。

你好！ 谢谢，老师！
不客气。
你好吗？ 再见！
我很好。

part

일상생활

여보세요.

A 웨이 아 페이 짜이 마
喂，阿飞在吗?
Wèi, Ā Fēi zài ma?

B 아 페이 짜이
阿飞在。
Ā Fēi zài.

A 웨이 스 아 페이 지아 마
喂，是阿飞家吗?
Wèi, shì Ā Fēi jiā ma?

B 스 야 칭 덩 이샤
是呀，请等一下。
Shì ya, qǐng děng yíxià.

A : 여보세요, 아페이 있어요?
B : 아페이 있어요.

A : 여보세요, 아페이 집인가요?
B : 네, 잠깐만 기다리세요.

※ 발음 tip

'一 yī'는 원래 제1성을 가진 단어 이지만, 뒤에 오는 단어의 성조에 따라 성조가 변해요. 뒤에 제4성을 가진 단어가 올 경우에는 제2성(yí)으로 발음해 주세요.

'喂 wèi'는 원래 제4성으로 발음하여 누군가를 부르거나 전화를 걸고 받을 때 모두 사용할 수 있어요. 하지만 전화 상에서 제4성은 너무 세게 들릴 수 있기 때문에 제2성으로 바꾸어 발음하는 경우가 많아요.

새단어

喂 wèi 여보세요
等 děng 기다리다

阿飞 Ā Fēi 아페이(인명)
一下 yíxià 잠시, 한 번 (~해보다)

呀 ya 어기조사(구어적 어감)

① **喂，阿飞在吗?** 여보세요, 아페이 있어요?

'~在吗? zài ma?'는 전화상에서 내가 통화하고자 하는 상대방의 소재 여부를 물을 때 쓰며 전화를 받는 입장에서 찾는 사람이 있으면 '在。Zài.'라고 하고, 없으면 '不在。Bú zài.'라고 간단히 대답할 수 있어요. 만약 찾는 사람이 전화 받는 본인일 경우 '전데요.'라는 뜻으로 '我就是。Wǒ jiù shì.' 혹은 '我是。Wǒ shì.'를 쓸 수 있어요.

就 jiù 바로, 곧

② **是呀，请等一下。** 네, 잠깐만 기다리세요.

'一下 yíxià'는 동사 뒤에 쓰일 때 '잠시, 좀 ~하다'라는 뜻으로 어떤 동작을 가볍게 시도해 보는 어감을 살릴 수 있어서, 구어표현에서 많이 씁니다.

밑줄 친 단어를 바꾸어 말해 보세요.

喂，阿飞在吗?
Wèi, Ā Fēi zài ma?

여보세요, 아페이 있어요?

李小姐
Lǐ xiǎojiě

王老板
Wáng lǎobǎn

崔老师
Cuī lǎoshī

李 Lǐ 이(성)　　　小姐 xiǎojiě 아가씨, ~양, 미쓰~
王 Wáng 왕(성)　　老板 lǎobǎn 사장　　崔 Cuī 최(성)

다음 간체자들을 써 보세요.

喂 wèi	여보세요	�口 �口 ⺣ ⺣ 喂 喂 喂 喂 喂 喂
等 děng	기다리다	⺮ ⺮ ⺮ 等 等 等 等
飞 fēi	날다	⺄ ⺈ 飞
下 xià	아래	一 丁 下

빈칸에 알맞은 한어병음을 써 넣으세요.

喂，阿飞在吗?
여보세요, 아페이 있어요?

阿飞在。
아페이 있어요.

喂，是阿飞家吗?
여보세요, 아페이 집인가요?

是呀，请等一下。
네, 잠깐만 기다리세요.

중국어 표현 익히기

❁ 기타 전화 표현

打电话。전화를 걸다.
Dǎ diànhuà.

接电话。전화를 받다.
Jiē diànhuà.

挂电话。전화를 끊다.
Guà diànhuà.

回电话。전화를 주다.
Huí diànhuà.

占线。통화중이다.
Zhàn xiàn.

留言。메시지를 남기다.
Liú yán.

哪位？누구세요? (정중한 표현)
Nǎ wèi?

我就是。바로 접니다.
Wǒ jiù shì.

谁呀？누구세요?
Shéi ya?

~不在。~(는) 부재중입니다.
~bú zài.

转告~。~에게 전하다.
Zhuǎngào~.

打错了。잘못 걸었다.
Dǎcuò le.

어디에 있어요?

A 你 在 哪儿?
Nǐ zài nǎr?

B 我 在 家。
Wǒ zài jiā.

A 你 在 家 吗?
Nǐ zài jiā ma?

B 我 不 在 家。
Wǒ bú zài jiā.

A : 당신은 어디에 있어요?
B : 나는 집에 있어요.

A : 당신은 집에 있어요?
B : 나는 집에 없어요.

❶ 의문사 '哪儿'

의문사 '哪儿 nǎr'은 '어디'라는 뜻으로 장소를 물을 때 써요. 주어, 목적어 등 문장에서의 위치가 비교적 자유로워요.

❷ 我在家。 나는 집에 있어요.

동사 '在 zài'는 주로 '누가 혹은 무엇이 어떤 장소에 있는가?'를 물을 때 써요. 주어는 사람이나 사물이 오고 목적어 자리에는 장소가 와요.

밑줄 친 단어를 바꾸어 말해 보세요.

你在哪儿?
Nǐ zài nǎr?
당신은 어디에 있습니까?

银行
yínháng

书店
shūdiàn

网吧
wǎngbā

银行 yínháng 은행　书店 shūdiàn 서점　网吧 wǎngbā PC방

다음 간체자들을 써 보세요.

在 zài	있다, ~에서	一 ナ オ ナ 在 在
儿 ér	아이	ノ 儿
家 jiā	집	` 丶 宀 宁 宁 宇 宇 家 家 家
我 wǒ	나	` 二 十 手 我 我 我

빈칸에 알맞은 한어병음을 써 넣으세요.

你在哪儿?
당신은 어디에 있어요?

我在家。
나는 집에 있어요.

你在家吗?
당신은 집에 있어요?

我不在家。
나는 집에 없어요.

통문장 중국 문화 엿보기

❀ 베이징(北京)

  베이징은 중국의 수도로 정치·문화의 중심지입니다. 문화의 중심지답게 박물관이나 명승고적이 많습니다. 인구는 2014년 현재 1,900만 명이 넘으며 중국 동북쪽에 자리잡고 있어, 인천공항에서 비행기로 1시간 반 가량이면 도착할 수 있습니다. 인구의 대부분은 한족으로 96%를 차지하고 만주족 등 소수민족이 나머지를 차지하고 있습니다.

  면적은 16,808㎢로 서울의 27.7배 크기입니다.

  대륙성 기후로 겨울에는 춥고 건조하며 여름에는 덥고 비가 많이 내립니다. 사계절의 구분이 있지만, 봄과 가을이 짧고 여름과 겨울이 길며 봄에는 황사로 인해 낮에도 어두운 하늘을 봐야 하는 경우가 많습니다.

  표준 중국어를 보통화(普通话 pǔtōnghuà)라 하는데 중국의 표준어는 베이징 말을 기초로 하고 있습니다.

  베이징(北京 Běijīng)의 대표적인 요리로 베이징카오야(北京烤鸭 Běijīng kǎoyā 북경 오리구이)가 있으며, 이 외에도 대표적인 도시답게 중국식 샤브샤브(火锅 huǒguō)나 꼬치구이(肉串 ròu chuàn) 등 다양한 먹거리가 있습니다.

베이징카오야(北京烤鸭) ▶

  베이징은 또한 우리나라 사람들이 많이 가는 중국의 여행도시이며, 그 중에서도 가장 대표적인 여행지로 만리장성(长城 Chángchéng), 천안문(天安门 Tiān'ānmén), 자금성(故宫 Gùgōng), 이화원(颐和园 Yíhéyuán), 왕푸징(王府井 Wángfǔjǐng) 등이 있습니다.

천안문(天安门) ▶

통문장 18일

무얼 하세요?

니 쭈어 션머
A 你 做 什么?
Nǐ zuò shénme?

워 쭈어 차이
B 我 做 菜。
Wǒ zuò cài.

니 쭈어 션머 차이
A 你 做 什么 菜?
Nǐ zuò shénme cài?

워 쭈어 차오판
B 我 做 炒饭。
Wǒ zuò chǎofàn.

A : 당신은 무얼 하세요?
B : 나는 요리를 해요.
A : 당신은 무슨 요리를 해요?
B : 나는 볶음밥을 만들어요.

※ 단어 tip

'做 zuò'는 중국어 동사 중 가장 많이 쓰이는 단어입니다. 다른 동사를 대신해 사용할 수 있는 다용도 단어이니 잘 기억해 두세요.

새단어

做 zuò 하다, 만들다　　　菜 cài 요리　　　炒饭 chǎofàn 볶음밥

① 중국어의 일반 어순

중국어는 일반적으로 주어 부분과 술어 부분으로 나뉘는데, 주어는 앞에, 술어는 뒤에 와요. 주어는 주로 명사나 대명사가 주요 성분이 되고, 술어는 주로 동사나 형용사가 와요.

주어 + 술어(주요 성분)

- 我很好。Wǒ hěn hǎo. 나는 잘 지내. (형용사)
- 他是韩国人。Tā shì Hánguórén. 그는 한국인입니다. (동사)
- 妈妈做菜。Māma zuò cài. 엄마는 요리를 합니다. (동사)

위 문장에서 '很 hěn'은 부사로 형용사술어인 '好 hǎo'를 수식해요. '韩国人 Hánguórén'과 '菜 zuò'는 동사술어의 목적어로 사용되었어요.

밑줄 친 단어를 바꾸어 말해 보세요.

你做什么?
Nǐ zuò shénme?
당신은 무엇을 합니까?

吃
chī

喝
hē

看
kàn

吃 chī 먹다   喝 hē 마시다

통 문장 간체자 쓰기

다음 간체자들을 써 보세요.

做 zuò	하다, 만들다	丿 亻 仁 什 估 估 估 做 做 做 做
炒 chǎo	볶다	丶 丷 火 火 火 炒 炒
菜 cài	요리	一 艹 艹 芯 苎 苹 菜
饭 fàn	밥	丿 ⺈ 饣 饣 饣 饭 饭

통 문장 한어병음 쓰기

빈칸에 알맞은 한어병음을 써 넣으세요.

你做什么？
당신은 무얼 하세요?

我做菜。
나는 요리를 해요.

你做什么菜？
당신은 무슨 요리를 해요?

我做炒饭。
나는 볶음밥을 만들어요.

중국 문화 엿보기

✽ 토마토계란볶음(西红柿炒鸡蛋)

✽ 재료(材料 cáiliào)

한 접시 분량입니다.
　토마토(西红柿 xīhóngshì) 두 개, 식용유(油 yóu) 약간, 계란(鸡蛋 jīdàn) 두 개, 소금(盐 yán) 약간, 백설탕(白糖 báitáng) 약간을 준비하세요.

✽ 요리 방법(制作方法 zhìzuò fāngfǎ)

1. 토마토를 씻는다. (洗西红柿。 Xǐ xīhóngshì.)
2. (토마토를) 뜨거운 물에 살짝 데친다. (用开水烫一下。 Yòng kāishuǐ tàng yíxià.)
3. (데친) 토마토를 자른다. (切西红柿。 Qiē xīhóngshì.)
4. 계란을 (멍울 없이) 섞는다. (搅鸡蛋。 Jiǎo jīdàn.)
5. (풀어진 계란에) 소금을 넣는다. (放盐。 Fàng yán.)
6. (프라이팬에) 기름을 두른다. (倒油。 Dào yóu.)
7. (기름 두른 프라이팬을 달군 후) 계란을 넣는다. (放鸡蛋。 Fàng jīdàn.)
8. 계란을 볶는다(잠시 그릇에 담아 놓는다). (炒鸡蛋。 Chǎo jīdàn.)
9. 토마토를 따로 볶는다. (放西红柿炒。 Fàng xīhóngshì chǎo.)
10. 소금과 설탕을 넣는다. (放盐、糖。 Fàng yán、táng.)
11. 다시 볶는다. (再炒。 Zài chǎo.)
12. 계란을 (토마토가 볶아져 있는 프라이팬에) 붓는다. (倒鸡蛋。 Dào jīdàn.)
13. (계란과 토마토를 살짝) 다시 볶는다. (再炒。 Zài chǎo.)
14. (다 볶은 후) 접시에 담아 먹는다. (盛在碟子里吃。 Chéng zài diézi li chī.)

무얼 좋아해요?

A 你 喜欢 什么?
니 시환 션머
Nǐ xǐhuan shénme?

B 我 喜欢 电影。
워 시환 띠엔잉
Wǒ xǐhuan diànyǐng.

A 你 喜欢 什么 电影?
니 시환 션머 띠엔잉
Nǐ xǐhuan shénme diànyǐng?

B 我 喜欢 韩国 电影。
워 시환 한궈 띠엔잉
Wǒ xǐhuan Hánguó diànyǐng.

A : 당신은 무얼 좋아해요?
B : 난 영화를 좋아해요.
A : 당신은 무슨 영화를 좋아해요?
B : 난 한국영화를 좋아해요.

새단어

喜欢 xǐhuan 좋아하다　　　电影 diànyǐng 영화

1 **你喜欢什么?** 당신은 무얼 좋아해요?

　'你喜欢什么? Nǐ xǐhuan shénme?'의 '喜欢 xǐhuan'은 상대방이 무엇을 좋아하는 혹은 무엇 하는 것을 좋아하는지 물어볼 때 쓰는 동사입니다. 비록 동사이기는 하지만, 뒤에 명사로 된 목적어를 받을 수도 있고, 동사나 동사구를 목적어로 취할 수도 있으니, 사용할 때 주의하세요.

A : 你喜欢什么? Nǐ xǐhuan shénme? 너는 뭘 좋아해?
B : 我喜欢电影。Wǒ xǐhuan diànyǐng. 난 영화를 좋아해.

A : 你喜欢做什么? Nǐ xǐhuan zuò shénme? 너는 뭐 하는 걸 좋아해?
B : 我喜欢看电影。Wǒ xǐhuan kàn diànyǐng. 난 영화 보는 걸 좋아해.

밑줄 친 단어를 바꾸어 말해 보세요.

你喜欢什么<u>电影</u>?
Nǐ xǐhuan shénme diànyǐng?
당신은 무슨 영화를 좋아합니까?

音乐
yīnyuè

菜
cài

书
shū

音乐 yīnyuè 음악

무얼 좋아해요? **75**

다음 간체자들을 써 보세요.

喜 xǐ	좋아하다	一 十 士 吉 吉 吉 吉 喜 喜 喜 喜
欢 huān	기쁘다	フ ヌ ヌ 邓 邓 欢
电 diàn	전기	丨 冂 曰 日 电
影 yǐng	그림자	甲 甲 昂 景 景 影 影

빈칸에 알맞은 한어병음을 써 넣으세요.

你喜欢什么?
당신은 무얼 좋아해요?

我喜欢电影。
나는 영화를 좋아해요.

你喜欢什么电影?
당신은 무슨 영화를 좋아해요?

我喜欢韩国电影。
나는 한국영화를 좋아해요.

[illegible]khi 취미 관련 표현

唱歌 노래를 부르다
chàng gē

听音乐 음악을 듣다
tīng yīnyuè

跳舞 춤을 추다
tiào wǔ

看书 독서하다
kàn shū

旅行 여행하다
lǚxíng

爬山 등산하다
pá shān

画画儿 그림을 그리다
huà huàr

踢足球 축구를 하다
tī zúqiú

做菜 요리를 하다
zuò cài

打高尔夫球 골프를 치다
dǎ gāo'ěrfūqiú

做运动 운동을 하다
zuò yùndòng

看电视 텔레비전을 보다
kàn diànshì

下围棋 바둑을 두다
xià wéiqí

看电影 영화를 보다
kàn diànyǐng

玩儿电子游戏 게임을 하다
wánr diànzǐ yóuxì

총복습 통문장 이야기

일상생활과 관련된 내용이에요. 한자와 한어병음, 해석을 보면서 큰 소리로 읽어 보세요.

아침 햇살에 원빈이 눈을 뜹니다. 피터는 이미 일어나 아침을 준비해 원빈에게 건넵니다.

彼得 Bǐdé	小元，你吃饭。 Xiǎo Yuán, nǐ chī fàn.
元斌 Yuán Bīn	谢谢！我有可乐，你喝吗？ Xièxie! Wǒ yǒu kělè, nǐ hē ma?
彼得 Bǐdé	不，我不喜欢喝可乐。 Bù, wǒ bù xǐhuan hē kělè.

피터	빈, 밥 먹어.
원빈	고마워! 나는 콜라 있는데, 너 마실래?
피터	아니, 나는 콜라를 좋아하지 않아서 말이야.

잠시 후 내몽고 후허하오터시에 도착했어요. 그들은 기차역에 도착해서 아페이를 기다립니다. 아페이가 오지 않아 피터가 아페이 집에 전화를 합니다.

彼得 Bǐdé	喂，是阿飞家吗? Wèi, shì Ā Fēi jiā ma?
阿飞家 Ā Fēi jiā	是。你是……? Shì.　Nǐ shì……?
彼得 Bǐdé	你好! 我是阿飞的朋友，阿飞在家吗? Nǐ hǎo! Wǒ shì Ā Fēi de péngyou, Ā Fēi zài jiā ma?
阿飞家 Ā Fēi jiā	他不在家。 Tā bú zài jiā.

피터	여보세요, 아페이 집인가요?
아페이집	네. 당신은……?
피터	안녕하세요! 저는 아페이 친구인데요, 아페이 집에 있나요?
아페이집	그 애는 집에 없어요.

피터는 다시 아페이 휴대폰으로 전화를 합니다.

彼得 Bǐdé	喂，阿飞，你做什么? 我们等你。 Wèi, Ā Fēi, nǐ zuò shénme?　Wǒmen děng nǐ.
阿飞 Ā Fēi	对不起，等一下。 Duìbuqǐ, děng yíxià.

피터	여보세요, 아페이 너 뭐 하는 거야? 우리가 너를 기다리잖아.
아페이	미안해, 좀 기다려.

잠시 후 아페이가 와서 세 사람은 함께 여행을 시작합니다.

빈 공간에 한어병음을 써 보세요. 한어병음을 쓰면서 큰 소리로 읽어 보세요.

피터	빈, 밥 먹어.
Bǐdé	Xiǎo Yuán, ___________________ .
원빈	고마워! 나는 콜라 있는데, 너 마실래?
Yuán Bīn	Xièxie! ___________________ , nǐ hē ma?
피터	아니, 나는 콜라를 좋아하지 않아서 말이야.
Bǐdé	Bù, ___________________ .

피터	여보세요, 아페이 집인가요?
Bǐdé	___________________ ?
아페이 집	네. 당신은……?
Ā Fēi jiā	Shì. Nǐ shì……?
피터	안녕하세요. 저는 아페이 친구인데요, 아페이 집에 있나요?
Bǐdé	Nǐ hǎo! Wǒ shì Ā Fēi de péngyou, ___________________ ?
아페이 집	그 애는 집에 없어요.
Ā Fēi jiā	___________________ .

피터	여보세요, 아페이 너 뭐 하는 거야? 우리가 너를 기다리잖아.
Bǐdé	Wèi, Ā Fēi, ___________________ ? ___________________ .
아페이	미안해, 좀 기다려.
Ā Fēi	Duìbuqǐ, ___________________ .

Bǐdé	Xiǎo Yuán, nǐ chī fàn.
彼得	小元，＿＿＿＿＿＿＿＿＿＿。
Yuán Bīn	Xièxie! Wǒ yǒu kělè, nǐ hē ma?
元斌	谢谢！＿＿＿＿＿＿＿＿＿＿，你喝吗？
Bǐdé	Bù, wǒ bù xǐhuan hē kělè.
彼得	不，＿＿＿＿＿＿＿＿＿＿。

Bǐdé	Wèi, shì Ā Fēi jiā ma?
彼得	＿＿＿＿＿＿＿＿＿＿？
Ā Fēi jiā	Shì. Nǐ shì......?
阿飞家	是。你是……？
Bǐdé	Nǐ hǎo! Wǒ shì Ā Fēi de péngyou. Ā Fēi zài jiā ma?
彼得	你好！我是阿飞的朋友。＿＿＿＿＿＿＿？
Ā Fēi jiā	Tā bú zài jiā.
阿飞家	＿＿＿＿＿＿＿＿＿＿。

Bǐdé	Wèi, Ā Fēi, nǐ zuò shénme? Wǒmen děng nǐ.
彼得	喂，阿飞，＿＿＿＿＿＿＿？＿＿＿＿＿＿＿。
Ā Fēi	Duìbuqǐ, děng yíxià.
阿飞	对不起，＿＿＿＿＿＿＿。

你好！
谢谢，老师！
不客气。
你好吗？
再见！
我很好。
part

Part. 5

직업 · 신분

무슨 일 하세요?

A 니 쭈어 션머 꽁쭈워
你 做 什么 工作?
Nǐ zuò shénme gōngzuò?

B 워 스 꽁쓰 쯔위엔
我 是 公司 职员。
Wǒ shì gōngsī zhíyuán.

A 타 스 쉐이
他 是 谁?
Tā shì shéi?

B 타 스 워 펑요우
他 是 我 朋友。
Tā shì wǒ péngyou.

A : 당신은 무슨 일을 하세요?
B : 저는 회사원이에요.
A : 그는 누구죠?
B : 그는 내 친구예요.

※ 발음 tip

'谁'의 표준발음은 'shéi'인데요, 구어에서는 'shuí'로 발음하기도 해요.

새단어

工作 gōngzuò 일, 일하다　　公司 gōngsī 회사　　职员 zhíyuán 직원
谁 shéi 누구(의문사)

① **你做什么工作?** 당신은 무슨 일을 하세요?

직업을 물을 때 일반적으로 쓰는 표현이에요. 좀 더 강조된 형태로 물을 때에는 '你是做什么工作的? Nǐ shì zuò shénme gōngzuò de?'라는 표현을 쓰기도 해요. 여기서 '是…的'는 뜻이 없고 강조의 의미만 있어요. 대답 표현으로는 주로 '…是…'를 써요.

A : 他是做什么工作的? Tā shì zuò shénme gōngzuò de? 그는 무슨 일을 하죠?
B : 他是医生。Tā shì yīshēng. 그는 의사예요.

医生 yīshēng 의사

② **의문사 '谁'**

사람에 대해 물을 때 쓰고, 한 사람 혹은 그 이상을 가리킬 수 있어요. 문장에서의 위치가 자유로워요.

• 谁是老师? Shéi shì lǎoshī? 누가 선생님이죠? (주어 자리)
• 她是谁? Tā shì shéi? 그녀는 누구죠? (목적어 자리)

밑줄 친 단어를 바꾸어 말해 보세요.

你<u>做</u>什么<u>工作</u>?
Nǐ zuò shénme gōngzuò?
당신은 무슨 일을 하세요?

做/菜
zuò/cài

看/书
kàn/shū

听/音乐
tīng/yīnyuè

무슨 일 하세요? **85**

다음 간체자들을 써 보세요.

工 gōng	노동자	一丁工
	工	
公 gōng	공평하다	丿八公公
	公	
职 zhí	직업, 직무	一丁工耳即职职
	职	
谁 shéi	누구	丶讠讠诈诈谁谁
	谁	

빈칸에 알맞은 한어병음을 써 넣으세요.

你做什么工作?
당신은 무슨 일을 하세요?

我是公司职员。
저는 회사원이에요.

他是谁?
그는 누구죠?

他是我的朋友。
그는 내 친구예요.

통문장 중국 어휘 늘리기

✿ 직업의 종류

导游 dǎoyóu 가이드

翻译 fānyì 통역사, 번역가

服务员 fúwùyuán 종업원

公务员 gōngwùyuán 공무원

家庭主妇 jiātíng zhǔfù 가정주부

教授 jiàoshòu 교수

经理 jīnglǐ 사장, 지배인

记者 jìzhě 기자

空中小姐 kōngzhōng xiǎojiě 스튜어디스

老师 lǎoshī 선생님

律师 lǜshī 변호사

美发师 měifàshī 미용사

秘书 mìshū 비서

审判员 shěnpànyuán 심판

售货员 shòuhuòyuán 판매원

外交官 wàijiāoguān 외교관

学生 xuésheng 학생

演员 yǎnyuán 연기자

运动员 yùndòngyuán 운동선수

어디서 일해요?

A 你 在 哪儿 工作?
Nǐ zài nǎr gōngzuò?

B 我 在 学校 工作。
Wǒ zài xuéxiào gōngzuò.

A 你 朋友 呢?
Nǐ péngyou ne?

B 他 也 在 学校 工作。
Tā yě zài xuéxiào gōngzuò.

A : 당신은 어디서 일해요?
B : 나는 학교에서 일해요.
A : 당신 친구는요?
B : 그도 학교에서 일해요.

새단어

学校 xuéxiào 학교　　　　呢 ne ~는(은)요?(의문조사)　　　　也 yě ~도 또한, 역시

1 전치사 구조

중국어의 전치사는 뒤에 목적어와 결합하여 전치사 구조의 형태로 문장에서 활용해요. 주로 동사 앞에 쓰여 부사어 역할을 해요.

> 주어 + 전치사 구조(전치사 + 목적어) + 동사 + 목적어

- 他在学校工作。Tā zài xuéxiào gōngzuò. 그는 학교에서 일합니다.
- 我在家看书。Wǒ zài jiā kàn shū. 나는 집에서 책을 봅니다.

2 你朋友呢? 당신 친구는요?

'…呢?'는 '~는(은)요?'라는 뜻으로 앞의 화제를 이어받아 상대방이 질문한 것과 같은 내용을 물을 때 사용해요.

밑줄 친 단어를 바꾸어 말해 보세요.

我在<u>学校</u>工作。
Wǒ zài xuéxiào gōngzuò.
나는 학교에서 일합니다.

银行
yínháng

医院
yīyuàn

家
jiā

医院 yīyuàn 병원

다음 간체자들을 써 보세요.

学 xué	배우다	＇＂＂＂学学学学
校 xiào	학교	一十才木术术术栌栌校
朋 péng	친구	刀 月 月 刖 刖 朋朋
友 yǒu	벗	一ナ方友

빈칸에 알맞은 한어병음을 써 넣으세요.

你在哪儿工作?
당신은 어디서 일해요?

我在学校工作。
나는 학교에서 일해요.

你朋友呢?
당신 친구는요?

他也在学校工作。
그도 학교에서 일해요.

중국 문화 엿보기

❀ 상하이(上海)

상하이(上海 Shànghǎi)는 항구도시로 중국에서 가장 중요한 경제 중심지이자 국제적인 상업 도시이며, 영국에 의해 개방된 중국 최초의 도시이기도 합니다. 양쯔강의 하구이자 중국 동부 해안의 중간에 위치해 있으며, 오랜 기간 동안 유럽의 조계지로 있었기 때문에 와이탄(外滩 Wàitān)과 같은 지역에는 아직도 당시의 유럽풍 건물들이 남아 있어 이국적인 정취를 느낄 수 있습니다.

면적은 6,000여㎢로 서울의 10.5배이며, 인구는 2014년 현재 2,400만 명을 넘어 중국 내에서 두 번째로 인구가 많은 도시입니다.

상하이의 날씨는 따뜻하고 습한 편입니다. 사계절의 구분이 있지만, 봄과 가을이 짧고 여름이 길며, 여름 평균 기온이 30℃를 넘고, 35℃를 넘는 날도 많습니다. 겨울에도 영하로 내려가는 날은 많지 않습니다.

상하이는 경제적 교류뿐 아니라 역사적으로 우리와도 밀접한 관계가 있는데, 지금도 마땅루(马当路 Mǎdāng Lù)에는 대한민국 임시정부 유적지가 위치해 있습니다.

상하이는 항구도시답게 해산물을 이용한 요리가 유명한데, 게찜요리는 그 대표적인 요리입니다. 전반적으로 기름기가 많고, 맛이 진한 특징이 있습니다.

대표적인 여행지로는 대한민국 임시정부청사, 신천지(新天地 Xīntiāndì), 예원(豫园 Yùyuán), 동방명주(东方明珠 Dōngfāngmíngzhū) 등이 있습니다.

▲ 와이탄(外滩)

▲ 예원(豫园)

일이 바빠요?

A 你 工作 忙 吗?
Nǐ gōngzuò máng ma?

B 我 工作 很 忙。
Wǒ gōngzuò hěn máng.

A 他 工作 忙 不 忙?
Tā gōngzuò máng bù máng?

B 他 工作 不太 忙。
Tā gōngzuò bútài máng.

A : 당신은 일이 바빠요?
B : 나는 일이 매우 바빠요.
A : 그는 일이 바빠요?
B : 그는 일이 그다지 바쁘지 않아요.

※ 발음 tip

정반의문문에 쓰인 '不'는 보통 경성으로
발음해요.

새단어

忙 máng 바쁘다

❶ 주술술어문

'你好! Nǐ hǎo?'와 같이 주어와 술어로 이루어진 구조가 한 문장에서 술어로 된 문장을 '주술술어문'이라고 해요. 부정형은 일반적으로 주술구조의 술어 앞에 부정부사를 붙여요.

> 주어 + 술어(주어 + 술어)

- 我工作很忙。 Wǒ gōngzuò hěn máng. 나는 일이 매우 바빠요.
- 他个子不高。 Tā gèzi bù gāo. 그는 키가 크지 않아요.

❷ 정반의문문

정반의문문은 의문문의 형식 중 하나예요. 술어의 주요성분이 동사 혹은 형용사의 긍정형과 부정형을 병렬시켜서 사용해요. 정반의문문과 '吗 ma'자 의문문은 형식만 다를 뿐 문장 내에서의 의미는 같아요.

밑줄 친 단어를 바꾸어 말해 보세요.

他<u>工作</u><u>忙不忙</u>?
Tā gōngzuò máng bù máng?
그는 일이 바쁩니까?

身体/好不好
shēntǐ/hǎo bù hǎo

学习/努力不努力
xuéxí/nǔlì bù nǔlì

个子/高不高
gèzi/gāo bù gāo

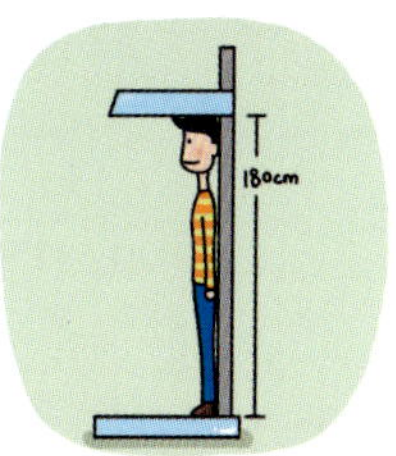

身体 shēntǐ 몸, 신체, 건강 学习 xuéxí 공부하다 努力 nǔlì 노력하다
个子 gèzi 키 高 gāo (키가) 크다, (높이가) 높다

다음 간체자들을 써 보세요.

忙 máng	바쁘다	﹑ ﹂ ﹖ ﹖ 忙 忙
很 hěn	매우	﹕ ﹕ 彳 彳 彳 很 很
他 tā	그	﹍ 亻 仲 他 他
太 tài	너무	一 ナ 大 太

빈칸에 알맞은 한어병음을 써 넣으세요.

你工作忙吗?
당신은 일이 바빠요?

我工作很忙。
나는 일이 매우 바빠요.

他工作忙不忙?
그는 일이 바빠요?

他工作不太忙。
그는 일이 그다지 바쁘지 않아요.

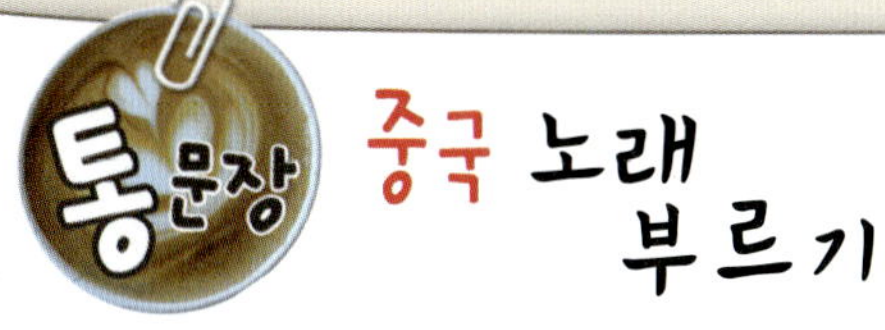

❀ 가족 노래 2(家族歌2)

마마 더 빠바 지아오 션머　마마 더 빠바 지아오 와이꽁
妈妈 的 爸爸 叫 什么? 妈妈 的 爸爸 叫 外公。
Māma de bàba jiào shénme? Māma de bàba jiào wàigōng.

마마 더 마마 지아오 션머　마마 더 마마 지아오 와이포
妈妈 的 妈妈 叫 什么? 妈妈 的 妈妈 叫 外婆。
Māma de māma jiào shénme? Māma de māma jiào wàipó.

마마 더 시옹띠 지아오 션머　마마 더 시옹띠 지아오 지어우지어우
妈妈 的 兄弟 叫 什么? 妈妈 的 兄弟 叫 舅舅。
Māma de xiōngdì jiào shénme? Māma de xiōngdì jiào jiùjiu.

마마 더 지에메이 지아오 션머　마마 더 지에메이 지아오 아이
妈妈 的 姐妹 叫 什么? 妈妈 的 姐妹 叫 阿姨。
Māma de jiěmèi jiào shénme? Māma de jiěmèi jiào āyí.

엄마의 아빠는 뭐라고 불러요? 엄마의 아빠는 외할아버지라고 불러요.

엄마의 엄마는 뭐라고 불러요? 엄마의 엄마는 외할머니라고 불러요.

엄마의 남자 형제는 뭐라고 불러요? 엄마의 남자 형제는 외삼촌이라고 불러요.

엄마의 여자 형제는 뭐라고 불러요? 엄마의 여자 형제는 이모라고 불러요.

새단어

外公 wàigōng 외할아버지　　外婆 wàipó 외할머니　　兄弟 xiōngdì 형제
舅舅 jiùjiu 외삼촌　　阿姨 āyí 이모

이건 뭐죠?

A 쩌 스 셴머
这 是 什么?
Zhè shì shénme?

B 나 스 쇼우지
那 是 手机。
Nà shì shǒujī.

A 쩌 스 니 더 쇼우지 마
这 是 你 的 手机 吗?
Zhè shì nǐ de shǒujī ma?

B 나 부 스 워 더
那 不 是 我 的。
Nà bú shì wǒ de.

A : 이건 뭐죠?
B : 그건 휴대폰이에요.
A : 이건 당신 휴대폰인가요?
B : 그건 제 것이 아니에요.

새단어

这 zhè 이, 이것

那 nà 그(것), 저(것)

手机 shǒujī 휴대전화

1 这是什么? 이건 뭐죠?

'这 zhè'는 주변에서 가까운 것을 가리킬 때 쓰는데, 사람·사물·장소 등에 모두 쓸 수 있어요. 먼 것을 가리킬 때는 '那 nà 그(것), 저(것)'를 씁니다.

2 那不是我的。 그건 제 것이 아니에요.

'的 de'는 '~의'라는 뜻으로 단어와 단어를 연결해 주기도 하지만, 이 외에도 '~의 것' 혹은 '~것'이라는 뜻으로 뒤에 오는 명사를 쓰지 않고도 활용할 수 있어요.

밑줄 친 단어를 바꾸어 말해 보세요.

那不是<u>我</u>的。
Nà bú shì wǒ de.
그것은 제 것이 아닙니다.

他
tā

妈妈
māma

你
nǐ

다음 간체자들을 써 보세요.

这 zhè	이, 이것	`、 亠 亠 文 文 这 这`
那 nà	그(것), 저(것)	`フ ㅋ ㅋ 月 那 那`
手 shǒu	손	`一 二 三 手`
机 jī	기계	`一 十 才 木 机 机`

빈칸에 알맞은 한어병음을 써 넣으세요.

这是什么?
이건 뭐죠?

那是手机。
그건 휴대폰이에요.

这是你的手机吗?
이건 당신 휴대폰인가요?

那不是我的。
그건 제 것이 아니에요.

❈ 외래어 브랜드 명칭

三星 Sānxīng 삼성   现代 Xiàndài 현대   易买得 Yìmǎidé 이마트

必胜客 Bìshèngkè 피자헛   星巴克 Xīngbākè 스타벅스   麦当劳 Màidāngláo 맥도날드

阿迪达斯 Ādídásī 아디다스   奥迪 Àodí 아우디

奔驰 Bēnchí 벤츠   菲利浦 Fēilìpǔ 필립스

汉堡王 Hànbǎowáng 버거킹   家乐福 Jiālèfú 까르푸

可口可乐 kěkǒu kělè 코카콜라   乐天利 Lètiānlì 롯데리아

路易威登 Lùyìwēidēng 루이비통   耐克 Nàikè 나이키

苹果 Píngguǒ 애플   索尼 Suǒní 소니

香奈尔 Xiāngnài'ěr 샤넬   希尔顿 Xī'ěrdùn 힐튼

직업, 신분과 관련된 내용이에요. 한자와 한어병음, 해석을 보면서 큰 소리로 읽어 보세요.

세 친구는 버스를 타고 이동을 합니다. 아주 오랜만에 만난 세 친구는 할 얘기가 많습니다.

阿飞 Ā Fēi	小元，你做什么工作？ Xiǎo Yuán, nǐ zuò shénme gōngzuò?
元斌 Yuán Bīn	我在美国公司工作。 Wǒ zài Měiguó gōngsī gōngzuò.
彼得 Bǐdé	阿飞，你呢？ Ā Fēi, nǐ ne?
阿飞 Ā Fēi	我也在美国公司工作。 Wǒ yě zài Měiguó gōngsī gōngzuò.
彼得 Bǐdé	我在中国公司工作。哈哈。 Wǒ zài Zhōngguó gōngsī gōngzuò. Hāha.
阿飞 Ā Fēi	彼得，你们公司好不好？ Bǐdé, nǐmen gōngsī hǎo bù hǎo?
彼得 Bǐdé	我们公司很好。 Wǒmen gōngsī hěn hǎo.
元斌 Yuán Bīn	阿飞，你有女朋友吗？ Ā Fēi, nǐ yǒu nǚpéngyou ma?

아페이	빈, 넌 무슨 일 해?
원빈	난 미국 회사에서 일해.
피터	아페이, 너는?
아페이	나도 미국 회사에서 일해.
피터	나는 중국 회사에서 일하는데. 하하.
아페이	피터, 너네 회사는 좋아 안 좋아?
피터	우리 회사는 아주 좋아.
원빈	아페이, 너 여자친구 있어?

아페이가 휴대폰의 사진을 보여줍니다.

元斌 Yuán Bīn	谁? 是你女朋友吗? Shéi? Shì nǐ nǚpéngyou ma?
阿飞 Ā Fēi	是，是我女朋友。她是老师，在学校工作。 Shì, shì wǒ nǚpéngyou. Tā shì lǎoshī, zài xuéxiào gōngzuò.

원빈　　누구야? 네 여자친구야?
아페이　응, 내 여자친구야. 그녀는 선생님이야, 학교에서 일해.

어느새 목적지에 도착합니다. 그들은 차에서 내릴 준비를 합니다.

彼得 Bǐdé	这是谁的钱包? Zhè shì shéi de qiánbāo?
元斌 Yuán Bīn	那不是我的。 Nà bú shì wǒ de.
阿飞 Ā Fēi	啊，是我的。谢谢! A, shì wǒ de. Xièxie!

피터　　이건 누구 지갑이야?
원빈　　그건 내 것이 아닌데.
아페이　아, 내 것이야. 고마워!

빈 공간에 한어병음을 써 보세요. 한어병음을 쓰면서 큰 소리로 읽어 보세요.

아페이	빈, 넌 무슨 일 해?
Ā Fēi	Xiǎo Yuán, ___________________ ?
원빈	난 미국 회사에서 일해.
Yuán Bīn	___________________ .
피터	아페이, 너는?
Bǐdé	Ā Fēi, _________ ?
아페이	나도 미국 회사에서 일해.
Ā Fēi	___________________ .
피터	나는 중국 회사에서 일하는데. 하하.
Bǐdé	___________________ . Hāha.
아페이	피터, 너네 회사는 좋아 안 좋아?
Ā Fēi	Bǐdé, ___________________ ?
피터	우리 회사는 아주 좋아.
Bǐdé	___________________ .
원빈	아페이, 너 여자친구 있어?
Yuán Bīn	Ā Fēi, nǐ yǒu nǚpéngyou ma?
원빈	누구야? 네 여자친구야?
Yuán Bīn	_________ ? Shì nǐ nǚpéngyou ma?
아페이	응, 내 여자친구야. 그녀는 선생님이야, 학교에서 일해.
Ā Fēi	Shì, shì wǒ nǚpéngyou. Tā shì lǎoshī, ___________________ .
피터	이건 누구 지갑이야?
Bǐdé	___________________ ?
원빈	그건 내 것이 아닌데.
Yuán Bīn	___________________ .
아페이	아, 내 것이야. 고마워!
Ā Fēi	A, ___________________ . Xièxie!

앞에서 써 본 한어병음이 맞는지 확인하면서 빈 공간에 중국어를 써 보세요.

Ā Fēi	Xiǎo Yuán, nǐ zuò shénme gōngzuò?
阿飞	小元, ?
Yuán Bīn	Wǒ zài Měiguó gōngsī gōngzuò.
元斌	。
Bǐdé	Ā Fēi, nǐ ne?
彼得	阿飞, ?
Ā Fēi	Wǒ yě zài Měiguó gōngsī gōngzuò.
阿飞	。
Bǐdé	Wǒ zài Zhōngguó gōngsī gōngzuò. Hāha.
彼得	。哈哈。
Ā Fēi	Bǐdé, nǐmen gōngsī hǎo bù hǎo?
阿飞	彼得, ?
Bǐdé	Wǒmen gōngsī hěn hǎo.
彼得	。
Yuán Bīn	Ā Fēi, nǐ yǒu nǚpéngyou ma?
元斌	阿飞，你有女朋友吗？
Yuán Bīn	Shéi? Shì nǐ nǚpéngyou ma?
元斌	？是你女朋友吗？
Ā Fēi	Shì, shì wǒ nǚpéngyou. Tā shì lǎoshī, zài xuéxiào gōngzuò.
阿飞	是，是我女朋友。她是老师, 。
Bǐdé	Zhè shì shéi de qiánbāo?
彼得	？
Yuán Bīn	Nà bú shì wǒ de.
元斌	。
Ā Fēi	A, shì wǒ de. Xièxie!
阿飞	啊, 。谢谢！

你好！ 谢谢，老师！
不客气。
你好吗？再见！
我很好。

part

Part. 6

숫자 표현

올해 몇 살이죠?

A 你 今年 多大?
Nǐ jīnnián duō dà?

B 我 今年 二十岁。
Wǒ jīnnián èrshí suì.

A 她 是 二十岁 吗?
Tā shì èrshí suì ma?

B 她 不 是 二十岁，是 二十一岁。
Tā bú shì èrshí suì, shì èrshíyī suì.

A : 당신은 올해 몇 살이죠?
B : 나는 올해 20살이에요.
A : 그녀는 20살인가요?
B : 그녀는 20살이 아니고, 21살이에요.

새단어

今年 jīnnián 올해, 금년　　　多大 duō dà 몇, 얼마(의문사)　　　二十 èrshí 스물(20)
岁 suì ~살, ~세　　　二十一 èrshíyī 스물 하나(21)

① 나이 묻는 표현

상대방에게 나이를 묻는 대표적인 표현에는 세 가지가 있어요. 10살이 안 된 어린아이에게는 '你几岁? Nǐ jǐ suì?'를 쓰고, 나이가 많은 연장자에게는 '您多大年纪? Nín duō dà niánjì?'를 써요. 나머지 대상에게는 '你多大? Nǐ duō dà?'를 쓰세요.

年纪 niánjì 나이, 연령

② 명사술어문

명사나 명사구, 간단한 수량사 등이 술어가 되는 문장을 명사술어문이라고 해요. 중국인들은 나이 표현에 '~이다(是 shì)'라는 동사를 별도로 쓰지 않아요. 예를 들어 '我今年二十岁. Wǒ jīnnián èrshí suì.'를 그대로 해석하면 '나 올해 20살.'로 좀 어색하지만, '是 shì'를 쓰면 강조의 의미가 있어요. 단, 부정문을 만들 때는 동사가 살아나서 '不是 bú shì'의 형태로 써요.

밑줄 친 단어를 바꾸어 말해 보세요.

你今年多大?
Nǐ jīnnián duō dà?
당신은 올해 몇 살입니까?

你孩子/几岁
Nǐ háizi/jǐ suì

你姐姐/多大
Nǐ jiějie/duō dà?

你父母/多大年纪
Nǐ fùmǔ/duō dà niánjì

孩子 háizi 아이   父母 fùmǔ 부모

다음 간체자들을 써 보세요.

多 duō	많다	ノ ク タ タ 多 多
大 dà	크다	一 ナ 大
年 nián	해, 년	ノ ㅗ ㅗ ㅕ ㅕ 年
岁 suì	~살, ~세	⺊ ⺊ 屮 岁 岁 岁

빈칸에 알맞은 한어병음을 써 넣으세요.

你今年多大?
당신은 올해 몇 살이죠?

我今年二十岁。
나는 올해 20살이에요.

她是二十岁吗?
그녀는 20살인가요?

她不是二十岁。
그녀는 20살이 아닙니다.

❀ 숫자 익히기

이 얼 싼 쓰 우 리우 치 빠 지우 스
一, 二, 三, 四, 五, 六, 七, 八, 九, 十。
yī èr sān sì wǔ liù qī bā jiǔ shí

스이 스얼 스싼 스쓰 스우 스지우 얼스
十一, 十二, 十三, 十四, 十五…… 十九, 二十。
shíyī shí'èr shísān shísì shíwǔ shíjiǔ èrshí

싼스 쓰스 우스 리우스 치스 빠스
三十…… 四十…… 五十…… 六十…… 七十…… 八十……
sānshí sìshí wǔshí liùshí qīshí bāshí

지우스 지우스지우 이바이
九十…… 九十九, 一百。
jiǔshí jiǔshíjiǔ yìbǎi

✿ 재미있는 3 · 6 · 9 놀이

학우들과 함께 숫자를 활용하여 3·6·9 게임을 합니다.
다 함께 : 싼 리우 지우 ♬ 싼 리우 지우 ♬ 싼 리우 지우 ♬ 싼 리우 지우 ♬
돌아가며 : 이, 얼, (박수), 쓰, 우, (박수), 치, 빠, (박수), 스, 스이, 스얼, (박수), 스쓰, 스우……

지금 몇 시죠?

A 현재 几 点?
현재 几 点?
시엔짜이 지 디엔
现在 几 点?
Xiànzài jǐ diǎn?

B 시엔짜이 량 디엔
现在 两 点。
Xiànzài liǎng diǎn.

A 지 디엔 샹커
几 点 上课?
Jǐ diǎn shàngkè?

B 지우 디엔 빤 샹커
九 点 半 上课。
Jiǔ diǎn bàn shàngkè.

A : 지금 몇 시죠?

B : 지금 2시예요.

A : 몇 시에 수업해요?

B : 9시 반에 수업해요.

새단어

现在 xiànzài 지금, 현재   点 diǎn 시   两 liǎng 둘(2)

上课 shàngkè 수업하다(받다)   半 bàn 반, 30분

① 시간 읽기

- 1시 00분   一点 yī diǎn
- 2시 05분   两点五分 liǎng diǎn wǔ fēn
- 3시 15분   三点十五分 sān diǎn shíwǔ fēn / 三点一刻 sān diǎn yí kè
- 4시 30분   四点三十分 sì diǎn sānshí fēn / 四点半 sì diǎn bàn
- 5시 45분   五点四十五分 wǔ diǎn sìshíwǔ fēn / 五点三刻 wǔ diǎn sān kè
- 6시 55분   六点五十五分 liù diǎn wǔshíwǔ fēn / 差五分七点 chà wǔ fēn qī diǎn

② '二'과 '两'

숫자 '2'는 '二 èr' 외에 '两 liǎng'으로도 표시해요. 양사 앞에서는 '二'을 쓰지 않고, '两'을 쓰고, '十 shí'의 앞이나 단 단위에서는 양사의 유무와 상관없이 '二'을 써요.

밑줄 친 단어를 바꾸어 말해 보세요.

现在两点。
Xiànzài liǎng diǎn.
지금은 2시입니다.

一点二十分
yī diǎn èrshí fēn

三点一刻
sān diǎn yí kè

差五分七点
chà wǔ fēn qī diǎn

分 fēn 분(시간의 단위)   一刻 yí kè 15분   差 chà 부족하다, ~전(시간 표현)

다음 간체자들을 써 보세요.

上 shàng	위	ㅣ 上 上
	上	
课 kè	수업	丶 讠 讠 评 评 评 评 课 课
	课	
两 liǎng	둘(2)	一 丆 丙 两 两 两 两
	两	
半 bàn	반, 30분	丶 丷 半 半 半
	半	

빈칸에 알맞은 한어병음을 써 넣으세요.

现在几点?
지금 몇 시죠?

现在两点。
지금 2시예요.

几点上课?
몇 시에 수업해요?

九点半上课。
9시 반에 수업해요.

중국 노래 부르기

❀ 열 꼬마 인디언 보이(十个小朋友)

一个 两个 三个 小朋友。
Yí ge liǎng ge sān ge xiǎo péngyou.

四个 五个 六个 小朋友。
Sì ge wǔ ge liù ge xiǎo péngyou.

七个 八个 九个 小朋友。
Qī ge bā ge jiǔ ge xiǎo péngyou.

第十个 小朋友 站起来。
Dì shí ge xiǎo péngyou zhàn qǐlái.

한 꼬마 두 꼬마 세 꼬마 (인디언).
네 꼬마 다섯 꼬마 여섯 꼬마 (인디언).
일곱 꼬마 여덟 꼬마 아홉 꼬마 (인디언).
열 번째 꼬마가 일어납니다.

새단어

一个 yí ge 한 개(한 사람)   两个 liǎng ge 두 개(두 사람)   三个 sān ge 세 개(세 사람)
小朋友 xiǎo péngyou 아동, 꼬마   四个 sì ge 네 개(네 사람)   五个 wǔ ge 다섯 개(다섯 사람)
六个 liù ge 여섯 개(여섯 사람)   七个 qī ge 일곱 개(일곱 사람)   八个 bā ge 여덟 개(여덟 사람)
九个 jiǔ ge 아홉 개(아홉 사람)   十个 shí ge 열 개(열 사람)

무슨 요일이죠?

A 今天 星期几?
Jīntiān xīngqī jǐ?

B 今天 星期二。
Jīntiān Xīngqī'èr.

A 明天 几月 几号?
Míngtiān jǐ yuè jǐ hào?

B 明天 八月 十六号。
Míngtiān bāyuè shíliù hào.

A : 오늘은 무슨 요일이죠?
B : 오늘은 화요일이에요.
A : 내일은 몇 월 며칠이죠?
B : 내일은 8월 16일이에요.

새단어

今天 jīntiān 오늘　　　　　星期 xīngqī 주, 요일　　　　　星期二 Xīngqī'èr 화요일
明天 míngtiān 내일　　　　月 yuè 달, 월　　　　　号 hào 일, 날짜

❶ 요일 표현

중국어로 요일을 표현할 때는 '星期 xīngqī'의 뒤에 숫자만 붙여주면 됩니다. 예를 들면, 월요일은 '星期一 Xīngqīyī', 화요일은 '星期二 Xīngqī'èr', 수요일은 '星期三 Xīngqīsān', 목요일은 '星期四 Xīngqīsì', 금요일은 '星期五 Xīngqīwǔ', 토요일은 '星期六 Xīngqīliù'로 표현합니다. 단, 일요일은 숫자를 붙이지 않고 '星期天 Xīngqītiān'이나 '星期日 Xīngqīrì'로 표현해요.

❷ 년·월·일 표현

중국어에서 시간은 우리나라와 같이 큰 단위에서 작은 단위로 표시하고, 연도를 읽을 때에는 숫자를 하나하나 읽으면 돼요.

- 一九八八年, 九月十七号, 十点二十分
  Yī jiǔ bā bā nián, jiǔyuè shíqī hào, shí diǎn èrshí fēn

밑줄 친 단어를 바꾸어 말해 보세요.

今天<u>星期二</u>。
Jīntiān Xīngqī'èr.
오늘은 화요일입니다.

星期一
Xīngqīyī

星期六
Xīngqīliù

星期天
Xīngqītiān

통문장 간체자 쓰기

다음 간체자들을 써 보세요.

간체자	뜻	필순
天 tiān	하늘	一 二 チ 天
星 xīng	별	丨 冂 日 日 旦 旦 早 星 星
期 qī	시기, 기한	一 十 廾 廿 甘 甘 其 其 期 期 期 期
月 yuè	달	丿 刀 月 月

통문장 한어병음 쓰기

빈칸에 알맞은 한어병음을 써 넣으세요.

今天星期几?
오늘은 무슨 요일이죠?

今天星期二。
오늘은 화요일이에요.

明天几月几号?
내일은 몇 월 며칠이죠?

明天八月十六号。
내일은 8월 16일이에요.

통문장 중국 문화 엿보기

❀ 중국의 명절과 기념일

✱ 원단(元旦 Yuándàn)

양력 1월 1일로 우리나라 신정연휴와 비슷한데 우리와 달리 보통 3일간 쉽니다.

✱ 춘절(春节 Chūnjié)

음력 1월 1일로 중국 최대의 명절입니다. 우리
나라 '구정(설날)'을 생각하면 됩니다. 법정휴무
일은 3일이지만 대부분 앞뒤날 포함해서 7일을
쉬는 곳이 많답니다. 춘절에는 우리가 떡국을
먹는 것처럼 만두를 만들어 먹고, 폭죽놀이를
합니다. 최근에는 폭죽으로 인한 화재사고로 일
부 구역에서는 폭죽놀이를 금지하고 있습니다.

▲ 만두(饺子)

✱ 노동절(劳动节 Láodòngjié)

양력 5월 1일로 우리나라 근로자의 날과 비슷하지만, 우리나라와 달리 중국은 사회주의국가이다 보
니 이날을 중시하는 경향이 있습니다. '五一节(오일절 Wǔyījié)'라고도 하며 보통 3일간 쉽니다.

✱ 중추절(中秋节 Zhōngqiūjié)

음력 8월 15일로 우리나라 추석과 같습니다.
우리가 추석에 송편을 먹는 것처럼 중국에서는
이날 月饼(월병 yuèbing)을 먹습니다.

▲ 월병(月饼)

✱ 국경절(国庆节 Guóqìngjié)

양력 10월 1일로 춘절 다음으로 큰 공휴일입
니다. 이날은 1949년 중화인민공화국이 수립된
건국기념일입니다.

이 외에 3월 8일 부녀절(妇女节 Fùnǚjié), 6월 1일 어린이날(儿童节 Értóngjié), 9월 10일 교사절(教师
节 Jiàoshījié) 등이 있습니다.

전화번호가 몇 번이죠?

A 니 더 띠엔화 하오마 스 뚜워샤오
你 的 电话 号码 是 多少?
Nǐ de diànhuà hàomǎ shì duōshao?

B 워 더 띠엔화 하오마 스 리우지우우 싼 링 쓰야오야오
我 的 电话 号码 是 6 9 5 3 0 4 1 1。
Wǒ de diànhuà hàomǎ shì liù jiǔ wǔ sān líng sì yāo yāo.

A 니 더 팡지엔 스 뚜워샤오 하오
你 的 房间 是 多少 号?
Nǐ de fángjiān shì duōshao hào?

B 워 더 팡지엔 스 치 링야오 하오
我 的 房间 是 7 0 1 号。
Wǒ de fángjiān shì qī líng yāo hào.

> ※ 발음 tip
>
> 숫자 '1'은 중국어로 'yī'로 발음하지만 방 번호나 전화번호와 같은 경우에는 'yī'로 발음하지 않고 'yāo'로 발음하니까 주의하세요.

A : 당신 전화번호는 몇 번이죠?
B : 제 전화번호는 695304110이에요.
A : 당신의 방은 몇 호죠?
B : 제 방은 701호예요.

새단어

电话 diànhuà 전화
房间 fángjiān 방

号码 hàomǎ 번호, 숫자
号 hào 번호, ~호

多少 duōshao 얼마(의문대명사)

1 '几'와 '多少'

수량을 물을 때는 수량의문사인 '几 jǐ' 또는 '多少 duōshao'를 사용해요. 보통 10 이내의 수를 물을 때는 '几'를, 10 이상의 수나 불확정적인 수를 물을 때는 '多少'를 사용하지요. 또한 '几'는 단독으로 사용할 수 없고 반드시 양사와 함께 사용하며, '多少'는 단독으로 또는 양사와 함께 사용할 수 있어요.

2 번호 표현

중국어로 전화번호나 방 번호를 물을 때는 년, 월, 일 표현과 같이 숫자를 하나하나 읽으면 돼요. 또한, 중국의 전화번호는 우리와 마찬가지로 '지역번호–국번–전화번호' 순으로 되어 있으나, '69530411'과 같이 국(局) 다음에 '–'를 표기하거나 읽지 않아요. 단, 혼동의 소지가 없도록 '6953'을 읽고 잠시 쉬었다가 '0411'을 읽으시면 돼요.

밑줄 친 단어를 바꾸어 말해 보세요.

我的<u>电话</u>号码是<u>69530411</u>。
Wǒ de diànhuà hàomǎ shì 69530411.
제 전화번호는 69530411입니다.

手机/12769533233
shǒujī/12769533233

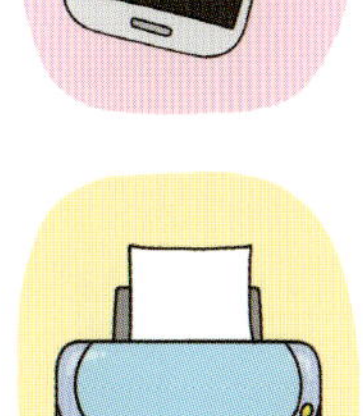

传真/01069530412
chuánzhēn/01069530412

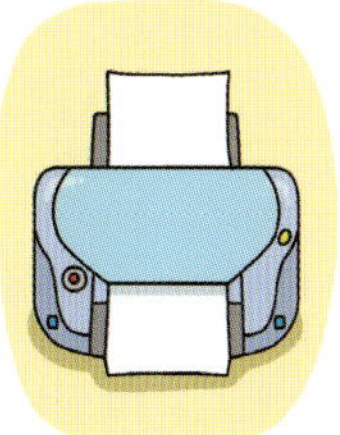

护照/M61234567
hùzhào/M61234567

传真 chuánzhēn 팩스　护照 hùzhào 여권

통문장 간체자 쓰기

다음 간체자들을 써 보세요.

话 huà	말	、 讠 讠 讠 讠 讠 话
	话	
号 hào	번호, ~호	丨 冂 口 旦 号
	号	
少 shǎo	(양이) 적다	丨 亅 小 少
	少	
房 fáng	방	、 ㇇ 彐 户 户 房 房
	房	

통문장 한어병음 쓰기

빈칸에 알맞은 한어병음을 써 넣으세요.

你的电话号码是多少?
당신 전화번호는 몇 번이죠?

我的电话号码是69530411。
제 전화번호는 69530411이에요.

你的房间是多少号?
당신의 방은 몇 호죠?

我的房间是701号。
제 방은 701호예요.

통문장 중국 문화 엿보기

❀ 홍콩(香港)

▲ 홍콩 국기

홍콩(香港 Xiānggǎng)은 1997년 6월까지 영국의 식민지로 있다가 7월에 중국에 반환되었습니다. 중국의 일국양제체제로 인해 중국대륙과는 달리 고도의 자치를 행사하고 있습니다. 그래서 그런지 아직도 홍콩을 독립된 국가처럼 인식하는 분들이 많습니다.

위치는 중국 광동성 남동부이자 남부해안 중간에 있습니다. 면적은 1,100㎢가 좀 넘으며 서울의 약 1.8배에 달합니다. 홍콩섬(香港島 Xiānggǎngdǎo)과 구룡반도(九龙半岛 Jiǔlóngbàndǎo), 신계(新界 Xīnjiè) 및 200여 개의 크고 작은 섬들로 이루어져 있습니다.

언어는 광동어와 영어를 사용하였는데, 최근에는 표준 중국어(普通话 pǔtōnghuà)도 많이 사용되고 있습니다. 작은 섬 지역이지만, 세계적으로 유명한 자유무역항이자 국제금융의 중심이기도 하며, 쇼핑의 천국이기도 합니다.

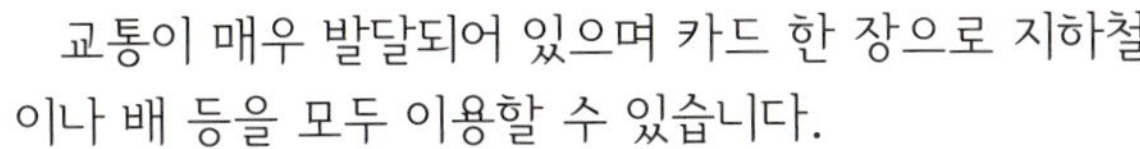

인구는 2014년 현재 7백만 명 정도로 추산됩니다.

기후는 아열대성 몬순기후로 사계절이 뚜렷한 편입니다. 여름에는 30~35℃로 덥고, 매우 습하며 태풍이 부는 경우도 많고, 겨울이라 해도 10℃ 이하로 내려가는 경우는 많지 않습니다.

화폐는 홍콩달러(HKD)를 사용합니다.

교통이 매우 발달되어 있으며 카드 한 장으로 지하철이나 배 등을 모두 이용할 수 있습니다.

홍콩은 음식으로도 매우 유명한데, 딤섬(点心 diǎnxin), 완탕면(云吞面 yúntūnmiàn), 애프터눈티, 에그타르트, 비천향(美珍香 měizhēnxiāng)육포 등이 대표적입니다.

여행지로는 빅토리아 피크, 몽콕 야시장, 스타의 거리(星光大道 Xīngguāng dàdào) 등이 대표적입니다.

총복습 통문장 이야기

숫자 표현과 관련된 내용이에요. 한자와 한어병음, 해석을 보면서 큰 소리로 읽어 보세요.

한참을 여행하고 나서,

元斌
Yuán Bīn
我很饿，我们几点吃饭？
Wǒ hěn è, wǒmen jǐ diǎn chī fàn?

阿飞
Ā Fēi
现在四点，看一下那儿，六点半吃饭吧。
Xiànzài sì diǎn, kàn yíxià nàr, liù diǎn bàn chī fàn ba.

원빈　　나는 아주 배가 고픈데, 우리 몇 시에 밥 먹지?
아페이　지금 4시니까, 저기를 한 번 보고, 6시 반에 밥을 먹자.

그들은 예약한 숙소를 찾아 들어갑니다.

饭店服务员
Fàndiàn
fúwùyuán
你好！请写你们的名字和手机号码。
Nǐ hǎo! Qǐng xiě nǐmen de míngzi hé shǒujī hàomǎ.

阿飞
Ā Fēi
这儿。　我们的房间是多少号？
Zhèr.　Wǒmen de fángjiān shì duōshao hào?

饭店服务员
Fàndiàn
fúwùyuán
请稍等。你们的房间是三零一号。
Qǐng shāo děng. Nǐmen de fángjiān shì sān líng yāo hào.

호텔종업원　안녕하세요! 당신들의 이름과 휴대폰 번호를 써주세요.
아페이　　　여기요. 우리 방은 몇 호죠?
호텔종업원　잠시만 기다리세요. 301호네요.

세 사람은 호텔 식당에서 저녁을 먹으며, 내몽고 사막여행을 계획합니다. 그들은 호텔 식당에서 만난 다른 여행팀과 함께 한 대의 여행사 차량을 이용하기로 합니다.

阿飞 Ā Fēi	旅行社的电话号码是多少? Lǚxíngshè de diànhuà hàomǎ shì duōshao?
饭店服务员 Fàndiàn fúwùyuán	旅行社的电话号码是零四七一零一二三四五。 Lǚxíngshè de diànhuà hàomǎ shì líng sì qī yāo líng yāo èr sān sì wǔ.

아페이   (호텔 프런트에 가서) 여행사 전화번호가 몇 번이죠?
호텔종업원   여행사 전화번호는 0471012345입니다.

여행사와 통화하여 차량과 가이드를 예약한 후,

阿飞 Ā Fēi	我们明天七点在这儿见吧。 Wǒmen míngtiān qī diǎn zài zhèr jiàn ba.

아페이   우리 내일 7시에 여기에서 봅시다.

빈 공간에 한어병음을 써 보세요. 한어병음을 쓰면서 큰 소리로 읽어 보세요.

원빈 나는 아주 배가 고픈데, 우리 몇 시에 밥 먹지?
Yuán Bīn [____________], [____________]?

아페이 지금 4시니까, 저기를 한 번 보고, 6시 반에 밥을 먹자.
Ā Fēi [____________], kàn yí xià nàr, [____________].

호텔종업원 안녕하세요! 당신의 이름과 휴대폰 번호를 써주세요.
Fàndiàn fúwùyuán Nǐ hǎo! Qǐng xiě [____________].

아페이 여기요. 우리 방은 몇 호죠?
Ā Fēi Zhèr. Wǒmen de [____________]?

호텔종업원 잠시만 기다리세요. 당신들의 방은 301호네요.
Fàndiàn fúwùyuán [____________]. Nǐmen de [____________].

아페이 (호텔 프런트에 가서) 여행사 전화번호가 몇 번이죠?
Ā Fēi Lǚxíngshè de [____________]?

호텔종업원 여행사 전화번호는 0471012345입니다.
Fàndiàn fúwùyuán Lǚxíngshè de [____________].

아페이 우리 내일 7시에 여기에서 봅시다.
Ā Fēi Wǒmen [____________].

Yuán Bīn　Wǒ hěn è, wǒmen jǐ diǎn chī fàn?

元斌　___________ , _____________________ ?

Ā Fēi　Xiànzài sì diǎn, kàn yíxià nàr, liù diǎn bàn chī fàn ba.

阿飞　___________ , 看一下那儿 , _____________ 。

Fàndiàn fúwùyuán　Nǐ hǎo! Qǐng xiě nǐmen de míngzi hé shǒujī hàomǎ.

饭店服务员　你好! 请写 ________________ 。

Ā Fēi　Zhèr. Wǒmen de fángjiān shì duōshao hào?

阿飞　这儿。我们的 ____________ ?

Fàndiàn fúwùyuán　Qǐng shāo děng. Nǐmen de fángjiān shì sān líng yāo hào.

饭店服务员　___________ 。你们的 ____________ 。

Ā Fēi　Lǚxíngshè de diànhuà hàomǎ shì duōshao?

阿飞　旅行社的 ____________ ?

Fàndiàn fúwùyuán　Lǚxíngshè de diànhuà hàomǎ shì líng sì qī yāo líng yāo èr sān sì wǔ.

饭店服务员　旅行社的 ____________ 。

Ā Fēi　Wǒmen míngtiān qī diǎn zài zhèr jiàn ba.

阿飞　我们 ____________ 。

你好！
谢谢，老师！
不客气。
你好吗？再见！
我很好。
part

식사 · 쇼핑

얼마예요?

A 쩌거　뚸워샤오　치엔
这个 多少钱?
Zhège duōshao qián?

B 싼스　콰이 (위엔)
三十块(元)。
Sānshí kuài(yuán).

A 타이 꾸에이 러　피엔이　디얼　바
太贵了。便宜点儿吧。
Tài guì le.　Piányi diǎnr ba.

B 뿌　싱
不行。
Bù xíng.

A : 이거 얼마예요?
B : 30위안이에요.
A : 너무 비싸요. 좀 싸게 해주세요.
B : 안 돼요.

※ 발음 tip

운모에서 배웠던 '儿 ér'은 다른 운모의 뒤에 붙이는 경우가 많은데 이를 儿化운모라고 해요. 병음으로 표시할 때 '点儿 diǎnr'의 경우처럼 음절 뒤에 '-r'을 붙여서 표시하고, 문자로 표시할 때에는 '儿'로 표시해요.

새단어

这个 zhège 이것
块 kuài 중국 화폐단위
不行 bù xíng 안돼요

多少钱 duōshao qián 얼마예요?
便宜 piányi 싸다

钱 qián 돈
(一)点儿 (yì)diǎnr 조금

1 **便宜点儿吧。** 좀 싸게 해주세요.

'便宜点儿 piányi diǎnr'의 '点儿'은 '一点儿 yìdiǎnr'의 생략형으로 구어에서는 종종 '一'가 생략되어지며, 형용사 뒤에 쓰여 그 정도가 경미함을 표시해요.

2 **어기조사 '吧'**

'吧 ba'는 어기조사로 요청·권고·명령·상의 혹은 동의를 나타내는 문장에서 쓰이며, 전체 문장의 어기를 부드럽게 해주어 구어표현에서 많이 쓰여요.

통 문장 단어 교체하기

밑줄 친 단어를 바꾸어 말해 보세요.

这个多少钱?
Zhège duōshao qián?
이것은 얼마입니까?

件 jiàn 벌(의복 등을 세는 양사)　衣服 yīfu 옷

다음 간체자들을 써 보세요.

个 ge	~개(양사)	ノ 人 个
钱 qián	돈	ノ 钅 钅 钅 钱 钱 钱
贵 guì	비싸다	丶 口 中 虫 串 串 贵
块 kuài	덩어리	一 十 土 圤 坍 块 块

빈칸에 알맞은 한어병음을 써 넣으세요.

这个多少钱?
이거 얼마예요?

三十块(元)。
30위안이에요.

太贵了。便宜点儿吧。
너무 비싸요. 좀 싸게 해주세요.

不行。
안 돼요.

통문장 중국 문화 엿보기

❀ 금액 읽는 법

　중국 화폐는 인민폐(人民币 rénmínbì)라 부르고, 영어로는 RMB라고 표기해요. 중국 돈의 정식 단위는 '元 yuán'이라고 하는데, 중국에 가서 물건의 가격표를 보면 '10.00元', '180.00元' 등으로 쓰여 있습니다. 하지만, 구어에서는 '元' 대신에 '块 kuài'라는 표현을 많이 씁니다. '1元' 미만의 작은 단위로는 '角 jiǎo'라는 표현이 있는데, 구어에서는 '毛 máo'라는 표현을 주로 많이 쓰고, '1元'의 10분의 1에 해당해요. '角'보다 작은 단위로 '分 fēn'이 있는데, 물가상승 이후로는 거의 쓰이지 않고 있습니다.

숫자 표기	서면어	구두어
1.00元	一元	一块 yī kuài
0.20元	二角	两毛 liǎng máo
0.02元	二分	两分 liǎng fēn
1.20元	一元二角	一块二(毛) yī kuài èr (máo)
1.02元	一元零二分	一块零二(分) yī kuài líng èr (fēn)
6.70元	六元七角	六块七(毛) liù kuài qī (máo)
6.07元	六元零七分	六块零七(分) liù kuài líng qī (fēn)
16.75元	十六元七角五分	十六块七毛五(分) shíliù kuài qī máo wǔ (fēn)
23.06元	二十三元零六分	二十三块零六(分) èrshísān kuài líng liù (fēn)
26.20元	二十六元二角	二十六块二(毛) èrshíliù kuài èr (máo)
10.03元	十元零三分	十块零三(分) shí kuài líng sān (fēn)

▲ 인민폐(人民币)

주문하세요.

A 这 是 菜单。请 点 菜。
Zhè shì càidān. Qǐng diǎn cài.

B 来 一个 京酱肉丝，两碗 米饭。
Lái yí ge jīngjiàngròusī, liǎng wǎn mǐfàn.

A 服务员，买单。
Fúwùyuán, mǎidān.

B 欢迎再来。
Huānyíng zài lái.

A : (이것은) 메뉴판입니다. 주문하세요.
B : 징쟝로쓰 하나, 공깃밥 두 개 주세요.

A : 종업원, 계산이요.
B : 또 오세요.

새단어

菜单 càidān 메뉴판
京酱肉丝 jīngjiàngròusī 징쟝로쓰
买单 mǎidān 계산하다, 계산서

点 diǎn 주문하다
碗 wǎn 공기, 그릇(양사)
欢迎 huānyíng 환영하다

来 lái 오다, (어떤 동작을) 하다
米饭 mǐfàn 쌀밥

1 **来一个京酱肉丝。** 징장로쓰 하나 주세요.

중국인들은 언어 습관상 상점 특히 음식점에서는 '买 mǎi 사다'나 '要 yào 원하다' 대신에 '来 lái'를 써요. '来'는 원래 '오다'라는 뜻이지만, 구어에서는 '~을 하다'라는 표현으로 다른 동사를 대신해 쓰는 경우가 많아요.

- 他明天来。Tā míngtiān lái. 그는 내일 와요.
- 来一杯啤酒。Lái yì bēi píjiǔ. 맥주 한 잔 주세요.

2 **请点菜。** 주문하세요.

'点 diǎn'은 시간을 나타내는 표현에서 '시'라는 의미로 쓰이지만, 동사로 활용할 때는 '주문하다'라는 의미로 사용됩니다.

밑줄 친 단어를 바꾸어 말해 보세요.

来 一个<u>京酱肉丝</u>，两碗米饭。
Lái yí ge jīngjiàngròusī, liǎng wǎn mǐfàn.
징장로쓰 하나, 공깃밥 두 개 주세요.

酸辣汤
suānlàtāng

炸酱面
zhájiàngmiàn

糖醋里脊
tángcùlǐjǐ

酸辣汤 suānlàtāng 쑤완라탕　炸酱面 zhájiàngmiàn 자장면　糖醋里脊 tángcùlǐjǐ 탕추리지

주문하세요 · **133**

다음 간체자들을 써 보세요.

来 lái	오다, (어떤 동작을)하다	一 一 一 口 平 来 来
	来	
碗 wǎn	공기, 그릇(양사)	丁 石 矿 矽 矽 碗 碗 碗
	碗	
肉 ròu	고기	丨 冂 内 内 肉 肉
	肉	
米 mǐ	쌀	丶 丷 半 米 米
	米	

빈칸에 알맞은 한어병음을 써 넣으세요.

这是菜单。请点菜。
(이것은) 메뉴판입니다. 주문하세요.

来一个京酱肉丝，两碗米饭。
징쟝로쓰 하나, 공깃밥 두 개 주세요.

服务员，买单。
종업원, 계산이요.

欢迎再来。
또 오세요.

통문장 중국 문화 엿보기

❀ 한국인이 좋아하는 중국 음식

　중국인들은 '의식주' 중 '식'을 가장 으뜸으로 꼽을 정도로 먹는 것을 중요시합니다. 또한 땅이 워낙 넓어 지역별 맛의 특색이 확연합니다. 일명 '南甜北咸 东辣西酸。 Nán tián běi xián dōng là xī suān.'이라는 말이 있는데, 이를 풀이하면 '남쪽 요리는 달고, 북쪽 요리는 짜며, 동쪽 요리는 맵고, 서쪽 요리는 시다.'라는 뜻입니다. 그래서 베이징으로 여행 갔다 온 분들은 '중국요리는 짠 거 같아요.'라고 합니다. 우리나라 사람들이 좋아하는 사천요리는 매운 맛으로 유명합니다. 우리나라가 중국과의 교류가 많아지면서 중국에 가시는 분들이 많은데, 한국인이 좋아하고 입맛에 맞는 요리를 한번 알아볼까요?

❈ 点心(diǎnxin)

　'点心'은 광둥(广东)어 발음에서 유래. 만두피 속에 고기나 각종 채소를 넣어 만든 요리입니다.

❈ 京酱肉丝(jīngjiàngròusī)

　쇠고기를 실처럼 잘게 찢은 후 간장과 식초로 간을 해 볶은 요리로 느끼하지 않고 새콤한 맛이 일품입니다.

▲ 딤섬(点心)

❈ 宫保鸡丁(gōngbǎojīdīng)

　쓰촨요리 중 하나로 닭고기를 땅콩, 채소와 함께 매콤하게 볶은 요리입니다.

❈ 鱼香肉丝(yúxiāngròusī)

　돼지고기를 가늘게 썰어 각종 채소와 양념을 넣고 볶은 요리입니다.

❈ 糖醋里脊(tángcùlǐjǐ)

　돼지고기를 새콤달콤하게 한 요리로, 우리의 탕수육과 유사합니다.

▲ 꽁바오지딩(宫保鸡丁)

❈ 蛋炒饭(dànchǎofàn)

　달걀과 각종 채소를 넣어 볶은 밥으로 요리를 먹은 후 식사용으로 즐겨 먹습니다.

❈ 重庆辣子鸡(chóngqìng làzijī)

　말린 붉은 고추와 토막낸 닭고기를 튀긴 음식입니다.

▲ 계란볶음밥(蛋炒饭)

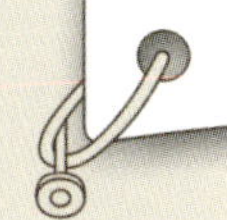

중국요리 맛있어요?

A 中国菜 好吃 吗?
쭝궈차이 하오츠 마
Zhōngguócài hǎochī ma?

B 很 好吃。
헌 하오츠
Hěn hǎochī.

不过，有点儿 油腻。
부꾸어 요우디얼 요우니
Búguò yǒudiǎnr yóunì.

A 那, 你 喝 茶。
나 니 허 차
Nà, nǐ hē chá.

A : 중국요리 맛있어요?
B : 맛있어요.
　　그런데, 좀 느끼해요.
A : 그럼, 차를 마셔요.

새단어

好吃 hǎochī 맛있다　　　　　　　不过 búguò 그러나　　　　　　　有点儿 yǒudiǎnr 조금, 약간
油腻 yóunì 기름지다, 느끼하다　　那 nà 그러면, 그렇다면　　　茶 chá 차

1 不过，有点儿油腻。 그런데, 좀 느끼해요.

'有点儿 yǒudiǎnr'은 '有一点儿 yǒuyìdiǎnr'의 생략형으로 구어에서는 종종 '一'가 생략되어지며, 주로 형용사 앞에 쓰여 정도가 경미함을 표시해요. 앞(통문장 31일)에서 배운 '一点儿'과 달리 대부분 만족스럽지 못한 감정을 나타내는 경우가 많아요.

2 那，你喝茶。 그럼, 차를 마셔요.

여기서의 '那 nà'는 '그러면, 그럼' 정도의 뜻으로 지시대명사의 역할 외에 앞에 나온 문장을 받아 뒤에 결과나 판단을 나타내는 문장을 이끌어내는 역할을 해요.

밑줄 친 단어를 바꾸어 말해 보세요.

有点儿<u>油腻</u>。
Yǒudiǎnr yóunì.
좀 느끼합니다.

大
dà

贵
guì

脏
zāng

大 dà 크다　脏 zāng 더럽다

다음 간체자들을 써 보세요.

吃 chī	먹다	ノ 丨 ㄇ 吖 吃 吃
	吃	
喝 hē	마시다	ノ 丨 ㄇ 吖 吖 吗 吗 吗 喝 喝 喝 喝
	喝	
茶 chá	차	一 十 艹 艾 苶 苯 茶
	茶	
油 yóu	기름	丶 冫 氵 汋 油 油 油
	油	

빈칸에 알맞은 한어병음을 써 넣으세요.

中国菜好吃吗?
중국요리 맛있어요?

很好吃。
맛있어요.

不过，有点儿油腻。
그런데, 좀 느끼해요.

那，你喝茶。
그럼, 차를 마셔요.

❀ 중국의 식사 예절

　식사를 할 때 중국에서는 밥그릇을 들고 젓가락으로 먹는 것이 일반적입니다. 한국에서 밥그릇을 상 위에 놓고 먹는 것이 양반이라고 하는 것과는 대조적이지요.

　한국에서 모든 요리가 함께 차려지고 나서 식사를 하는 것과 달리 중국에서는 차가운 요리, 뜨거운 요리, 밥, 탕의 순서로 차례대로 나옵니다. 밥을 좀 빨리 원할 경우에는, ‘先上米饭，好吗? Xiān shàng mǐfàn, hǎo ma? 밥 먼저 주실래요?’라고 말하면 됩니다.

　숟가락은 탕을 먹는 데 사용하고, 젓가락은 면과 밥을 먹는 데 사용합니다. 요리를 덜 때 공용수저나 젓가락을 이용해 개인 접시에 먹습니다.

　술을 마실 때 한국에서는 상대방의 잔이 빈 후에 따르지만, 중국에서는 상대방 잔의 술이 조금이라도 줄면 바로 채워줍니다. 건배는 자기 술잔을 낮추어 하고, 먼저 마십니다.

✳ 식탁 관련 용어

餐桌 cānzhuō 식탁

餐巾纸 cānjīnzhǐ 냅킨

米饭 mǐfàn 쌀밥

汤 tāng 탕, 국

菜 cài 요리, 반찬

茶 chá 차

茶杯 chábēi 찻잔

茶壶 cháhú 차주전자

碟子 diézi 접시

饭碗 fànwǎn 밥그릇

勺子 sháozi 숟가락

筷子 kuàizi 젓가락

水 shuǐ 물

무얼 드릴까요?

A 你 想 买 什么?
Nǐ xiǎng mǎi shénme?

B 我 先 看 一 看。
Wǒ xiān kàn yi kàn.

我 想 买 这个。
Wǒ xiǎng mǎi zhège.

A 谢谢!
Xièxie!

A : 무얼 드릴까요?
B : 먼저 좀 볼게요.
　　이거 주세요.
A : 감사합니다!

새단어

想 xiǎng ~하고 싶다　　　　买 mǎi 사다　　　　先 xiān 먼저

① **你想买什么?** 무얼 드릴까요?

'想 xiǎng'은 능원동사(혹은 조동사)라고 하는데, 동사 앞에 쓰여 '~하고 싶다'의 뜻으로 쓰여 바람이나 가능성 등을 나타내요. 보통 앞에 '不'를 써서 부정해요.

② **我先看一看。** 먼저 좀 볼게요.

동사를 중첩하여 원래 뜻보다 가볍고 시도적인 어감을 살릴 수 있어요. 이때 중첩된 동사 사이에 '一'는 생략할 수 있어요.

밑줄 친 단어를 바꾸어 말해 보세요.

我先<u>看一看</u>。
Wǒ xiān kàn yi kàn.
먼저 좀 볼게요.

说一说
shuō yi shuō

听一听
tīng yi tīng

用一用
yòng yi yòng

 用 yòng 쓰다, 사용하다

다음 간체자들을 써 보세요.

想 xiǎng	~하고 싶다	一 十 十 才 木 相 相 相 相 相 想 想 想 想
买 mǎi	사다	一 フ マ ヌ 买 买
先 xiān	먼저	一 一 十 生 先 先
看 kàn	보다	一 二 三 尹 尹 看 看 看 看

빈칸에 알맞은 한어병음을 써 넣으세요.

你想买什么?
무얼 드릴까요?

我先看一看。
먼저 좀 볼게요.

我想买这个。
이거 주세요.

谢谢!
감사합니다!

통문장 중국 문화 엿보기

❀ 징쟝로쓰(京酱肉丝)

✽ 재료(材料 cáiliào)

한 접시 분량입니다.

돼지등심(猪里脊肉 zhū lǐjǐròu), 소금(盐 yán), 생강(姜 jiāng), 마늘(蒜 suàn), 기름(油 yóu), 간장(酱油 jiàngyóu), 티엔미엔쟝(甜面酱 tiánmiànjiàng 춘장보다 더 단맛이 나는 중국식 된장), 건두부(干豆腐 gàndòufu), 설탕(糖 táng), 대파(大葱 dàcōng)를 준비하세요.

✽ 요리 방법(制作方法 zhìzuò fāngfǎ)

1. 대파, 생강을 씻는다. (洗大葱、姜。Xǐ dàcóng, jiāng.)

2. 건두부를 씻는다. (洗干豆腐。Xǐ gàndòufu.)

3. 건두부, 대파, 생강을 자른다. (切干豆腐、大葱、姜。Qiē gàndòufu, dàcōng, jiāng.)

4. (프라이팬에) 기름을 두른다. (放油。Fàng yóu.)

5. (프라이팬에) 돼지등심을 넣는다. (放猪里脊肉。Fàng zhū lǐjǐròu.)

6. 마늘, 대파, 생강을 넣는다. (放蒜、大葱、姜。Fàng suàn、dàcōng、jiāng.)

7. 티엔미엔쟝 넣는다. (放甜面酱。Fàng tiánmiànjiàng.)

8. 돼지등심을 볶는다. (炒猪里脊肉。Chǎo zhū lǐjǐròu.)

9. (다 볶은 후) 접시에 담는다. (盛在碟子里。Chéng zài diézi li.)

10. 건두부와 함께 먹는다. (和干豆腐一起吃。Hé gàndòufu yìqǐ chī.)

총복습 통문장 이야기

식사, 쇼핑과 관련된 내용이에요. 한자와 한어병음, 해석을 보면서 큰 소리로 읽어 보세요.

세 친구와 일행은 사막에 도착하여, 낙타투어를 하려고 합니다.

元斌 Yuán Bīn	多少钱？ Duōshao qián?
老板 Lǎobǎn	九十块。 Jiǔshí kuài.
彼得 Bǐdé	便宜点儿吧。 Piányi diǎnr ba.
老板 Lǎobǎn	不行。 Bù xíng.

원빈	얼마예요?
사장	90원이요.
피터	좀 싸게 해주세요.
사장	안 돼요.

그들은 낙타투어를 한 후 몽고식 식당에 들어갑니다. 종업원이 메뉴판과 차를 내옵니다.

服务员 Fúwùyuán	这是菜单。 Zhè shì càidān.
阿飞 Ā Fēi	先喝茶。你们想吃什么？ Xiān hē chá. Nǐmen xiǎng chī shénme?
游客1 Yóukè1	我可以看一看吗？我想吃蒙古菜。 Wǒ kěyǐ kàn yi kàn ma? Wǒ xiǎng chī Měnggǔcài.

종업원	여기 메뉴판이요.
아페이	(차를 따르며) 먼저 차를 드세요. 다들 무얼 먹고 싶어요?
여행객1	(메뉴판을 가리키며) 나도 좀 봅시다. 나는 몽고요리를 먹고 싶네요.

모두 메뉴를 정한 후,

服务员 Fúwùyuán	请点菜。 Qǐng diǎn cài.
阿飞 Ā Fēi	来五碗米饭，两个蒙古菜。 Lái wǔ wǎn mǐfàn, liǎng ge Měnggǔcài.

종업원	주문하세요.
아페이	공깃밥 다섯 개, 몽고요리 두 개 주세요.

모두 식사를 마친 후,

彼得 Bǐdé	服务员，结帐。 Fúwùyuán, jiézhàng.
阿飞 Ā Fēi	这儿的菜好吃吗？ Zhèr de cài hǎochī ma?
游客1 Yóukè1	很好吃，不过有点儿油腻。 Hěn hǎochī, búguò yǒudiǎnr yóunì.
彼得 Bǐdé	我很好吃。 Wǒ hěn hǎochī.

피터	종업원, 계산이요.
아페이	(모두를 향해) 여기 요리 맛있었나요?
여행객1	맛있어요, 그런데 좀 느끼하네요.
피터	난 아주 맛있는데요.

结帐 jiézhèng 계산하다, 결제하다

빈 공간에 한어병음을 써 보세요. 한어병음을 쓰면서 큰 소리로 읽어 보세요.

원빈 얼마예요?
Yuán Bīn ____________________?

사장 90원이요.
Lǎobǎn ____________________.

피터 좀 싸게 해주세요.
Bǐdé ____________________.

사장 안 돼요.
Lǎobǎn ____________________.

종업원 여기 메뉴판이요.
Fúwùyuán ____________________.

아페이 (차를 따르며) 먼저 차를 드세요. 다들 무얼 먹고 싶어요?
Ā Fēi Xiān hē chá. Nǐmen ____________________?

여행객1 (메뉴판을 가리키며) 나도 좀 봅시다. 나는 몽고요리를 먹고 싶네요.
Yóukè1 ____________________? ____________________ Měnggǔcài.

종업원 주문하세요.
Fúwùyuán ____________________.

아페이 공깃밥 다섯 개, 몽고요리 두 개 주세요.
Ā Fēi ____________________, liǎng ge Měnggǔcài.

피터 종업원, 계산이요.
Bǐdé ____________, ____________.

아페이 (모두를 향해) 여기 요리 맛있었나요?
Ā Fēi ____________________?

여행객1 맛있어요, 그런데 좀 느끼하네요.
Yóukè1 ____________________, búguò ____________________.

피터 난 아주 맛있는데요.
Bǐdé ____________________.

앞에서 써 본 한어병음이 맞는지 확인하면서 빈 공간에 중국어를 써 보세요.

Yuán Bīn 元斌	Duōshao qián? ?
Lǎobǎn 老板	Jiǔshí kuài. 。
Bǐdé 彼得	Piányi diǎnr ba. 。
Lǎobǎn 老板	Bù xíng. 。

Fúwùyuán 服务员	Zhè shì càidān. 。
Ā Fēi 阿飞	Xiān hē chá. Nǐmen xiǎng chī shénme? 先喝茶。你们 ?
Yóukè1 游客1	Wǒ kěyǐ kàn yi kàn ma? Wǒ xiǎng chī Měnggǔcài. ? 蒙古菜。
Fúwùyuán 服务员	Qǐng diǎn cài. 。
Ā Fēi 阿飞	Lái wǔ wǎn mǐfàn, liǎng ge Měnggǔcài. ，两个蒙古菜。

Bǐdé 彼得	Fúwùyuán, jiézhàng. ， 。
Ā Fēi 阿飞	Zhèr de cài hǎochī ma? ?
Yóukè1 游客1	Hěn hǎochī, Búguò yǒudiǎnr yóunì. ，不过 。
Bǐdé 彼得	Wǒ hěn hǎochī. 。

你好！ 谢谢，老师！

不客气。

你好吗？ 再见！

我很好。

part

Part. 8

호텔 · 언어

방 있어요?

A 有空房间 吗?
_{요우 콩 팡지엔 마}
Yǒu kōng fángjiān ma?

B 有。
_{요우}
Yǒu.

A 住三天。
_{쭈 싼 티엔}
Zhù sān tiān.

B 给你钥匙。
_{게이 니 야오스}
Gěi nǐ yàoshi.

A : (빈)방 있어요?
B : 있어요.
A : 3일 묵을 거예요.
B : 열쇠요.

※ 발음 tip

'有空房间吗? Yǒu kōng fángjiān ma?'는 보통 호텔이나 기타 숙소에서 방을 구할 때 사용해요. 그 외에 '체크인 하다'라는 표현으로 '登记手续 dēngjì shǒuxù', '登记住宿 dēngjì zhùsù' 등을 쓰기도 해요.

'住 zhù'는 '살다, 거주하다' 외에 '숙박하다, 머무르다'라는 두 가지 뜻을 갖고 있어요.

새단어

空 kōng (속이) 텅 비다   住 zhù 숙박하다, 머무르다   天 tiān 하루, 날, 일
给 gěi (~에게 ~을) 주다   钥匙 yàoshi 열쇠

① 住三天。 3일 묵을 거예요.

'三天 sān tiān'은 시간의 양을 나타내는 말로 '시간사'라고 해요. '시간사'는 동사 뒤에 쓰여 어떤 동작이나 상태가 얼마나 지속되었는가를 나타내요.

三十分钟 sānshí fēnzhōng 30분 / 一个小时 yí ge xiǎoshí 1시간 / 两天 liǎng tiān 이틀
两个星期 liǎng ge xīngqī 2주일 / 一个月 yí ge yuè 한 달 / 一年 yì nián 일 년

② 이중목적어 동사술어문 '给'

'给 gěi'는 두 개의 목적어를 가질 수 있는 동사로, 뒤에 사람 목적어와 사물 목적어를 이어 쓸 수 있어요. 이 외에 이중목적어를 가질 수 있는 동사로 '教 jiāo ~에게 ~을 가르치다', '送 sòng ~에게 ~을 보내다', '告诉 gàosu 말하다, ~에게 알려주다' 등이 있어요.

밑줄 친 단어를 바꾸어 말해 보세요.

有<u>空房间</u>吗?
Yǒu kōng fángjiān ma?
(빈)방 있어요?

单人间
dānrénjiān

双人间
shuāngrénjiān

套房
tàofáng

单人间 dānrénjiān 1인실　双人间 shuāngrénjiān 2인실　套房 tàofáng 스위트룸

다음 간체자들을 써 보세요.

空 kōng	(속이) 텅 비다	﹅ ﹅ 宀 宀 宀 空 空
间 jiān	틈, 사이	﹅ 丨 门 门 问 间 间
给 gěi	(~에게 ~을) 주다	﹅ ﹅ ﹅ ﹅ ﹅ 约 约 给 给
钥 yào	열쇠	﹅ ﹅ 车 钅 钥 钥 钥

빈칸에 알맞은 한어병음을 써 넣으세요.

有空房间吗?
(빈)방 있어요?

有。
있어요.

住三天。
3일 묵을 거예요.

给你钥匙。
열쇠요.

중국 노래 부르기

🍀 첨밀밀(甜蜜蜜)

티엔미미　니 시아오 더　티엔미미
甜蜜蜜，你 笑 得 甜蜜蜜，
Tiánmìmì, nǐ xiào de tiánmìmì,

하오샹 화얼 카이 짜이 춘펑 리 카이 짜이 춘펑 리
好像 花儿 开 在 春风 里, 开 在 春风 里。
Hǎoxiàng huār kāi zài chūnfēng li, kāi zài chūnfēng li.

짜이 나리　짜이 나리 찌엔구어 니
在 哪里, 在 哪里 见过 你?
Zài nǎlǐ, zài nǎlǐ jiànguo nǐ?

니 더 시아오롱 쩌양 슈시 워 이스 샹 부 치
你 的 笑 容 这样 熟悉, 我 一时 想 不 起。
Nǐ de xiàoróng zhèyàng shúxī, wǒ yìshí xiǎng bu qǐ.

아 짜이 멍 리
啊, 在 梦 里。
A, zài mèng li.

멍 리 멍 리 찌엔구어 니
梦 里, 梦 里 见过 你。
Mèng li, Mèng li jiànguo nǐ.

티엔미 시아오 더 뚜어 티엔미
甜蜜, 笑 得 多 甜蜜,
Tiánmì, xiào de duō tiánmì,

스 니 스 니 멍찌엔 더 찌우 스 니
是 你, 是 你, 梦见 的 就 是 你。
Shì nǐ, shì nǐ, mèngjiàn de jiù shì nǐ.

첨밀밀, 당신의 웃음이 얼마나 달콤한지.
봄바람에 피어난 꽃과 같아요. 봄바람에 피어난 꽃과 같아요.
어디에서, 어디에서 당신을 보았죠?
당신의 웃는 얼굴이 이렇게 낯익은데, 잠시 생각이 나지 않네요.
아, 꿈에서였어요.
꿈에서, 꿈에서 당신을 보았어요.
달콤한, 너무도 달콤한 미소,
당신이었군요, 당신이요, 꿈에서 본 것은 바로 당신이에요.

환전하려고요.

A 我 要 换钱。
워 야오 환치엔
Wǒ yào huànqián.

B 换 多少?
환 뚜워샤오
Huàn duōshao?

A 四百 美元。
쓰바이 메이위엔
Sìbǎi měiyuán.

B 请 数 一下。
칭 슈 이샤
Qǐng shǔ yí xià.

A : 환전하려구요.
B : 얼마를 바꾸시게요?
A : 400달러요.
B : 한 번 세어 보세요.

새단어

要 yào ~하려고 하다　　　　换 huàn 바꾸다, 교환하다　　　　数 shǔ 세다, 계산하다

1 我要换钱。 환전하려구요.

'我要换钱。Wǒ yào huànqián.'은 일반적으로 환전을 요구할 때 많이 쓰는 표현이에요. '要 yào'는 '~하려고 하다, ~할 것이다'라는 표현으로 동사 앞에 쓰인 능원동사입니다.

- 我要喝咖啡。Wǒ yào hē kāfēi. 나는 커피를 마실게요.
- 我要回家。Wǒ yào huí jiā. 저는 집에 갈 거예요.

2 换多少? 얼마를 바꾸시게요?

'换多少? Huàn duōshao?'는 생략형 표현으로 '你要换多少钱? Nǐ yào huàn duōshao qián? 얼마를 바꾸려고 하십니까?'의 표현입니다.

밑줄 친 단어를 바꾸어 말해 보세요.

我要换钱。
Wǒ yào huànqián.
환전하려고 합니다.

买书
mǎi shū

听音乐
tīng yīnyuè

喝可乐
hē kělè

다음 간체자들을 써 보세요.

要 yào	~하려고 하다	一 一 一 西 西 要 要 要
换 huàn	바꾸다, 교환하다	扌 扌 扩 护 换 换 换
美 měi	아름답다	⺊ ⺕ ⺣ 羊 羊 美 美
数 shǔ	세다, 계산하다	⺌ ⺣ ⺥ 娄 娄 数 数

빈칸에 알맞은 한어병음을 써 넣으세요.

我要换钱。
환전하려구요.

换多少?
얼마를 바꾸시게요?

四百美元。
400달러요.

请数一下。
한 번 세어 보세요.

 통문장 중국 어휘 늘리기

✿ 여행 관련 용어

护照 hùzhào 여권

签证 qiānzhèng 비자

行李 xíngli 짐, 여행용 가방

旅客 lǚkè 여행객

导游 dǎoyóu 가이드

地图 dìtú 지도

门票 ménpiào 입장권

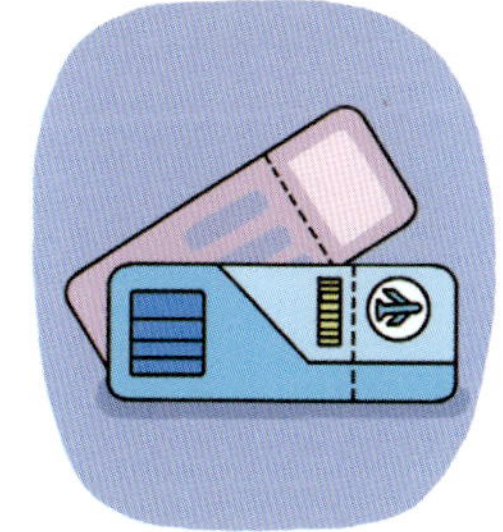

飞机票 fēijīpiào 비행기표

售票处 shòupiàochù 매표소

出发 chūfā 출발(하다)　　　　淡季 dànjì 비수기

旅行社 lǚxíngshè 여행사　　　　旅游 lǚyóu 여행하다

名胜古迹 míngshèng gǔjì 명승고적지　　旺季 wàngjì 성수기

预订 yùdìng 예약(하다)　　　　照相 zhàoxiàng 사진을 찍다

체크아웃 할게요.

A
워 시엔짜이 퉤이방
我 现在 退房。
Wǒ xiànzài tuìfáng.

B
칭 샤오 덩
请 稍 等。
Qǐng shāo děng.

A
게이 워 파피아오 하오 마
给我发票，好吗?
Gěi wǒ fāpiào, hǎo ma?

B
하오 더
好的。
Hǎo de.

A : 저 지금 체크아웃 할게요.
B : 잠시만 기다리세요.
A : 영수증을 주시겠어요?
B : 네.

새단어

退房 tuìfáng 체크아웃 하다　　　稍 shāo 잠시, 잠깐　　　发票 fāpiào 영수증

1 请稍等。 잠시만 기다리세요.

'请稍等。Qǐng shāo děng.'은 '잠시만 기다리세요'라는 뜻으로 '통문장 16일'에 배웠던 '请等一下。Qǐng děng yíxià.'와 뜻은 같지만, 좀 더 정식적인 자리에서 쓰이는 경우가 많아요.

2 给我发票，好吗? 영수증을 주시겠어요?

평서문 끝에 '~好吗? ~hǎo ma?'를 활용한 의문문이에요. 주로 건의를 하거나 상대방의 의견을 물을 때 사용해요. 대답은 보통 '好。Hǎo.', '好啊。Hǎo a.', '好的。Hǎo de.' 등을 쓰는데, '好啊。'는 좀 구어적, '好的。'는 좀 단정적인 어감을 살립니다.

밑줄 친 단어를 바꾸어 말해 보세요.

我现在退房。
Wǒ xiànzài tuìfáng.
저 지금 체크아웃 하겠습니다.

出发
chūfā

工作
gōngzuò

学习
xuéxí

다음 간체자들을 써 보세요.

退 tuì	물러나다	ㄱ ㅋ ㅋ 艮 艮 退 退 退
稍 shāo	잠시, 잠깐	ㄱ ㄴ 千 禾 禾 利 秋 秒 稍 稍
发 fā	보내다	ㄴ 少 发 发 发
票 piào	표	ㅡ 两 西 西 栗 票 票 票

빈칸에 알맞은 한어병음을 써 넣으세요.

我现在退房。
저 지금 체크아웃 할게요.

请稍等。
잠시만 기다리세요.

给我发票，好吗?
영수증을 주시겠어요?

好的。
네.

통문장 중국 어휘 늘리기

❀ 호텔 관련 용어

套房 스위트룸
tàofáng

大床房 더블베드룸
dàchuángfáng

双床房 트윈베드룸
shuāngchuángfáng

服务员 종업원
fúwùyuán

总服务台 프런트
zǒngfúwùtái

饭店门厅 호텔로비
fàndiàn méntīng

早餐 조식
zǎocān

小费 팁
xiǎofèi

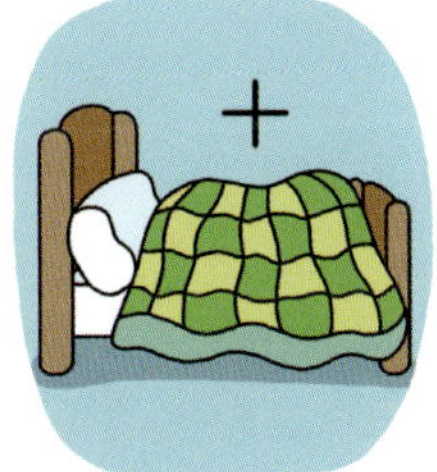

加床 침대 추가
jiā chuáng

标准间 biāozhǔnjiān (호텔) 일반실　　　　**房费** fángfèi 방 가격

服务费 fúwùfèi 서비스료, 봉사료　　　　**客房** kèfáng 객실

客人 kèrén 손님　　　　**入住** rùzhù 체크인 하다

饭店/酒店/宾馆 fàndiàn/jiǔdiàn/bīnguǎn 호텔

叫醒电话/叫醒服务 jiàoxǐng diànhuà/jiàoxǐng fúwù 모닝콜/모닝콜 서비스

招待所 zhāodàisuǒ 초대소(저렴한 숙박시설)

중국어 할 수 있어요?

A 你们 会 说 汉语 吗?
니먼 훼이 슈어 한위 마
Nǐmen huì shuō Hànyǔ ma?

B 我 会 说 汉语。
워 훼이 슈어 한위
Wǒ huì shuō Hànyǔ.

C 我 会 一点儿。
워 훼이 이디얼
Wǒ huì yìdiǎnr.

D 我 不 会。
워 부 훼이
Wǒ bú huì.

A : 여러분은 중국어를 할 수 있어요?
B : 저는 중국어를 할 수 있어요.
C : 저는 조금 해요.
D : 저는 못해요.

새단어

会 huì (배워서) ~할 줄 안다   汉语 Hànyǔ 중국어

❶ 능원동사 '会'

'会 huì'는 학습이나 경험을 통해서 '~을 할 수 있다'는 뜻의 능원동사예요. 부정형은 '~을 할 수 없다'의 '不会 bú huì'를 씁니다.

A : 他会说英语吗? Tā huì shuō Yīngyǔ ma? 그는 영어를 할 수 있어요?
B : 一点儿也不会。 Yìdiǎnr yě bú huì. 전혀 못해요.

A : 你会开车吗? Nǐ huì kāi chē ma? 당신은 운전할 수 있어요?
B : 我不会开车。 Wǒ bú huì kāi chē. 나는 운전할 줄 몰라요.

> 开车 kāichē 운전하다

밑줄 친 단어를 바꾸어 말해 보세요.

你会说汉语吗?
Nǐ huì shuō Hànyǔ ma?
당신은 중국어를 할 수 있습니까?

游泳
yóuyǒng

开车
kāichē

做中国菜
zuò Zhōngguócài

> 游泳 yóuyǒng 수영하다

다음 간체자들을 써 보세요.

们 men	~들(복수)	ノ イ イ 们 们
会 huì	(배워서) ~할 줄 안다	ノ 人 스 슴 숨 会
汉 Hàn	한, 한족	丶 丶 氵 汈 汉
语 yǔ	말, 언어	讠 讠 讦 语 语 语 语

빈칸에 알맞은 한어병음을 써 넣으세요.

你们会说汉语吗?
여러분은 중국어를 할 수 있어요?

我会说汉语。
저는 중국어를 할 수 있어요.

我会一点儿。
저는 조금 해요.

我不会。
저는 못해요.

중국 문화 엿보기

❀ 중국 만두(饺子)

✽ 재료(材料 cáiliào)

4인 기준입니다.
돼지고기 한 근(一斤猪肉 zhūròu), 마늘(蒜 suàn), 만두피(饺子皮儿 jiǎozipír), 생강(姜 jiāng), 부추(韭菜 jiǔcài), 후추(胡椒 hújiāo), 간장(酱油 jiàngyóu), 참기름(香油 xiāngyóu), 소금(盐 yán)을 준비하세요.

✽ 요리 방법(制作方法 zhìzuò fāngfǎ)

1. 부추를 (곱게 다지듯이) 썰어준다. (切韭菜。Qiē jiǔcài.)

2. 부추와 돼지고기를 섞는다. (搅拌韭菜和猪肉。Jiǎobàn jiǔcài hé zhūròu.)

3. (여기에) 소금, 생강, 마늘, 간장, 참기름, 후추, 물을 넣는다. (放盐、姜、蒜、酱油、香油、胡椒、水。Fàng yán、jiāng、suàn、jiàngyóu、xiāngyóu、hújiāo、shuǐ.)

4. (모든 재료를) 섞는다. (搅拌。Jiǎobàn.)

5. 만두피로 만두를 빚는다. (包饺子。Bāo jiǎozi.)

6. 만두를 찐다. (煮饺子。Zhǔ jiǎozi.)

✽ 요리 tip

중국인들은 만두피를 직접 만들어서 쓰는 경우가 많으나 여기서는 간단하게 만들기 위해 시중에서 파는 만두피를 사용하였습니다.
또 만두소는 각자의 취향에 따라 가감하여 사용하세요.

호텔, 언어와 관련된 내용이에요. 한자와 한어병음, 해석을 보면서 큰 소리로 읽어 보세요.

일행은 사막여행 후 인근 몽고빠오(몽고 전통 가옥)에서 묵기로 정합니다.

元斌 Yuán Bīn	有空房间吗? Yǒu kōng fángjiān ma?
服务员 Fúwùyuán	住几天? Zhù jǐ tiān?
元斌 Yuán Bīn	一天。 Yì tiān.
服务员 Fúwùyuán	给我护照。给你钥匙。 Gěi wǒ hùzhào. Gěi nǐ yàoshi.

원빈	(빈)방 있어요?
종업원	며칠 묵을 거죠?
원빈	하루요.
종업원	여권을 주세요. (여권을 확인 후 돌려주면서) 열쇠요.

일행은 몽고빠오에 모여 휴식을 취하며 얘기를 나눕니다.

阿飞 Ā Fēi	他(游客2)不会说汉语吗? Tā (yóukè2) bú huì shuō Hànyǔ ma?
游客1 Yóukè1	他(游客2)会说英语，不会说汉语。 Tā (yóukè2) huì shuō Yīngyǔ, bú huì shuō Hànyǔ.

| 아페이 | (여행객1에게) 그(여행객2)는 중국어를 못하시나요? |
| 여행객1 | 그(여행객2)는 영어는 할 수 있는데, 중국어는 할 줄 몰라요. |

그렇게 밤을 보내고, 다음날 시내 기차역에 도착하여,

| 彼得
Bǐdé | 我要换钱。
Wǒ yào huànqián. |
| 元斌
Yuán Bīn | 我也要换钱，一起去吧。
Wǒ yě yào huànqián, yìqǐ qù ba. |

| 피터 | 나는 환전해야 해. |
| 원빈 | 나도 환전해야 해, 함께 가자. |

환전 후 그들은 기차를 기다리며, 커피숍에 모여 있습니다.

服务员 Fúwùyuán	你想喝什么? Nǐ xiǎng hē shénme?
彼得 Bǐdé	五杯咖啡。 Wǔ bēi kāfēi.
服务员 Fúwùyuán	请数一下。 Qǐng shǔ yíxià.

종업원	무얼 드시게요?(당신은 무엇을 마시고 싶습니까?)
피터	커피 다섯 잔이요.
종업원	(커피와 잔돈을 건네며) 한 번 세어 보세요.

그들은 커피를 마시며 헤어지기 전 담소를 나눕니다.

빈 공간에 한어병음을 써 보세요. 한어병음을 쓰면서 큰 소리로 읽어 보세요.

원빈 Yuán Bīn	(빈)방 있어요? [ ] ?
종업원 Fúwùyuán	며칠 묵을 거죠? [ ] ?
원빈 Yuán Bīn	하루요. [ ] .
종업원 Fúwùyuán	여권을 주세요. (여권을 확인 후 돌려주면서) 열쇠요. Gěi wǒ hùzhào. [ ] .

아페이 Ā Fēi	(여행객1에게) 그(여행객2)는 중국어를 못하시나요? [ ] ?
여행객1 Yóukè1	그(여행객2)는 영어는 할 수 있는데, 중국어는 할 줄 몰라요. [ ] , [ ] .

피터 Bǐdé	나는 환전해야 해. [ ] .
원빈 Yuán Bīn	나도 환전해야 해, 함께 가자. [ ] , yìqǐ qù ba.

종업원 Fúwùyuán	무얼 드시게요?(당신은 무엇을 마시고 싶습니까?) [ ] ?
피터 Bǐdé	커피 다섯 잔이요. Wǔ bēi kāfēi.
종업원 Fúwùyuán	(커피와 잔돈을 건네며) 한 번 세어 보세요. [ ] .

Yuán Bīn 元斌	Yǒu kōng fángjiān ma? 　　　　　　　　　?
Fúwùyuán 服务员	Zhù jǐ tiān? 　　　　　　　　?
Yuán Bīn 元斌	Yì tiān. 　　　　　。
Fúwùyuán 服务员	Gěi wǒ hùzhào. Gěi nǐ yàoshi. 给我护照。　　　　　　　。

Ā Fēi 阿飞	Tā(yóukè2) bú huì shuō Hànyǔ ma? 　　　　　　　　　　　　　?
yóukè1 游客1	Tā(yóukè2) huì shuō Yīngyǔ, bú huì shuō Hànyǔ. 　　　　　　　　，　　　　　　　。

Bǐdé 彼得	Wǒ yào huànqián. 　　　　　。
Yuán Bīn 元斌	Wǒ yě yào huànqián, yìqǐ qù ba. 　　　　　　　，一起去吧。

Fúwùyuán 服务员	Nǐ xiǎng hē shénme? 　　　　　　　?
Bǐdé 彼得	Wǔ bēi kāfēi. 五杯咖啡。
Fúwùyuán 服务员	Qǐng shǔ yíxià. 　　　　　。

你好！
谢谢，老师！
不客气。
你好吗？
再见！
我很好。
part

Part. 9

길 묻기 · 날씨

어디 가세요?

A
你 去 哪儿?
Nǐ qù nǎr?

B
我 去 五道口。
Wǒ qù Wǔdàokǒu.

A
你 一个人 去 吗?
Nǐ yí ge rén qù ma?

B
不是, 我 跟 朋友 一起 去。
Bú shì, wǒ gēn péngyou yìqǐ qù.

A : 어디 가세요?
B : 나는 우따오코우에 가요.
A : 혼자 가세요?
B : 아뇨, 나는 친구랑 같이 가요.

새단어

去 qù 가다 五道口 Wǔdàokǒu 우따오코우(지명) 跟 gēn ~와(과)
一起 yìqǐ 함께

1 **不是，我跟朋友一起去。** 아뇨, 나는 친구랑 같이 가요.

'跟~一起 gēn~yìqǐ'는 '~와 함께'라는 뜻으로 '跟' 대신에 '和 hé'나 '同 tóng'을 쓰기도 해요. 부정형은 보통 '跟' 앞에 부정사 '不 bù'를 넣어 사용합니다.

- 你跟他一起工作吧。Nǐ gēn tā yìqǐ gōngzuò ba. 당신은 그와 함께 일하세요.
- 我跟她一起看电影。Wǒ gēn tā yìqǐ kàn diànyǐng. 나는 그녀와 함께 영화를 봅니다.

2 **你去哪儿?** 어디 가세요?

'你去哪儿? Nǐ qù nǎr?'의 동사 '去 qù'는 보통 뒤에 장소를 목적어로 쓰고 그 장소에 가는 것을 나타내요. 예를 들어, 우리말의 '내가 너한테 갈게.'라는 표현을 쓸 경우 다음과 같습니다.

- 我去你那儿。Wǒ qù nǐ nàr. 내가 너한테 갈게.

즉 '你 nǐ'는 장소가 아니므로 장소를 나타내는 '那儿 nàr'이나 '这儿 zhèr'을 함께 써서 나타냅니다.

밑줄 친 단어를 바꾸어 말해 보세요.

我<u>跟朋友一起</u>去。
Wǒ gēn péngyou yìqǐ qù.
나는 친구랑 같이 갑니다.

一个人
yí ge rén

跟同学们一起
gēn tóngxuémen yìqǐ

跟家人一起
gēn jiārén yìqǐ

同学 *tóngxué* 급우　家人 *jiārén* 가족

다음 간체자들을 써 보세요.

去 qù	가다	一 十 土 去 去
跟 gēn	~와(과)	丶 ﹀ 口 口 尸 尸 足 趴 趴 趴 跟 跟 跟
道 dào	길, 도로	丶 丷 ﹀ 丷 产 芹 肖 首 首 首 道 道
起 qǐ	일어서다	一 十 土 キ キ 走 走 起 起 起

빈칸에 알맞은 한어병음을 써 넣으세요.

你去哪儿?
어디 가세요?

我去五道口。
나는 우따오코우에 가요.

你一个人去吗?
혼자 가세요?

不是，我跟朋友一起去。
아뇨, 나는 친구랑 같이 가요.

통문장 중국 문화 엿보기

❀ 중국의 교통 문화

중국은 면적이 넓다 보니 중국 국내에서 이용할 수 있는 교통수단이 매우 다양하고, 경제성장에 따라 자동차 보급률이 매우 빠른 속도로 늘어가고 있지만, 아직까지 차량우선 문화를 벗어나지 못한 관계로 길을 건너거나, 운전을 할 때 신호를 지키지 않는 경우가 많으니 주의해야 합니다.

✳ 자전거(自行车 zìxíngchē)

자전거는 중국인의 생활필수품 중 하나라고 할 정도로 많이 애용되는 교통수단입니다. 자전거 도로 역시 비교적 잘 정비되어 있고, 어디에나 자전거 보관소인 '存车场 cúnchēchǎng'이 마련되어 있어, 볼일을 보거나 환승 등을 할 때 편리하게 이용할 수 있습니다.

✳ 택시(出租汽车 chūzū qìchē / 的士 díshì)

택시 요금이 비교적 저렴한 편입니다. 기본요금은 우리와 비슷하지만, 미터당 부과요금이 종류별로 차이가 납니다. 올림픽 개최 이후 저렴한 택시는 줄어들고 있는 추세입니다.

✳ 지하철(地铁 dìtiě)

대륙 내에서는 몇 개의 대도시만 지하철이 있고, 노선 역시 많지 않습니다.

✳ 버스(公共汽车 gōnggòng qìchē)

버스의 종류가 다양합니다. 우리나라와 비슷한 형태의 일반버스, 2층버스, 두 대가 연결되어 움직이는 무궤도 전차(无轨电车 wúguǐ diànchē) 등이 있습니다. 중국인의 경우 우리와 비슷한 카드를 이용하여 요금을 계산하는 경우도 있지만, 대부분의 버스는 안내원이 존재하여 버스에 탑승 후 목적지를 얘기하고, 버스표를 구입합니다.

✳ 기차(火车 huǒchē)

중국은 철도망 연결이 잘되어 있고, 기차로 먼 거리 여행이 자유롭습니다. 기차의 종류도 매우 다양하여 고속열차(特快 tèkuài)와 직행열차(直快 zhíkuài)의 장거리용이 있고, 단거리를 운행하는 기차(普快 pǔkuài) 등이 있습니다. 좌석은 부드러운 의자석(软座 ruǎnzuò), 딱딱한 의자석(硬座 yìngzuò), 부드러운 침대석(软卧 ruǎnwò), 딱딱한 침대석(硬卧 yìngwò)의 네 가지 중 거리에 따라 편리하게 선택할 수 있습니다.

왕푸징에 어떻게 가요?

A 취 왕푸징 쩐머 조우
去 王府井 怎么走?
Qù Wángfǔjǐng zěnme zǒu?

B 이쯔 왕 치엔 조우
一直 往前走。
Yìzhí wǎng qián zǒu.

A 쩐머 쭈워 처
怎么 坐车?
Zěnme zuò chē?

B 쭈워 띠티에 취
坐地铁去。
Zuò dìtiě qù.

A : 왕푸징에 가려는데 어떻게 가죠?
B : 앞으로 곧장 가세요.
A : 차를 어떻게 타죠?
B : 지하철을 타고 가세요.

새단어

怎么 zěnme 어떻게(의문사)　　　一直 yìzhí 똑바로, 곧바로　　　往 wǎng ~쪽으로, ~을 향해
前 qián 앞(쪽)

① 의문사 '怎么'

'怎么 zěnme'는 '어떻게, 어째서'라는 뜻의 의문사로 방식이나 성질 등을 물을 때 써요.

② 一直往前走。 앞으로 곧장 가세요.

'往 wǎng'은 뒤에 오는 '~방향이나 장소 쪽으로 ~함'을 나타내요.

- 往东跑。 Wǎng dōng pǎo. 동쪽으로 달려가다.
- 往这儿看。 Wǎng zhèr kàn. 여기를 봐라.

밑줄 친 단어를 바꾸어 말해 보세요.

去王府井怎么走?
Qù Wángfǔjǐng zěnme zǒu?
왕푸징에 가려는데 어떻게 갑니까?

机场
jīchǎng

北京饭店
Běijīng Fàndiàn

天安门广场
Tiān'ānmén
guǎngchǎng

北京饭店 Běijīng Fàndiàn 북경 호텔　天安门广场 Tiān'ānmén guǎngchǎng 천안문 광장

다음 간체자들을 써 보세요.

直 zhí	곧다	一 十 十 古 古 直 直
走 zǒu	걷다	一 十 土 キ キ 走 走
地 dì	땅	一 十 土 圵 圸 地
铁 tiě	철	ノ 스 钅 钅 钅 铁 铁

빈칸에 알맞은 한어병음을 써 넣으세요.

去王府井怎么走?
왕푸징에 가려는데 어떻게 가죠?

一直往前走。
앞으로 곧장 가세요.

怎么坐车?
차를 어떻게 타죠?

坐地铁去。
지하철을 타고 가세요.

❀ 길 찾기와 방향 표현

往前看 앞을 보다
wǎng qián kàn

往南走 남쪽으로 가다
wǎng nán zǒu

过马路 길을 건너다
guò mǎlù

换地铁 지하철로 갈아타다
huàn dìtiě

往左(右)拐 좌(우)회전하다
wǎng zuǒ(yòu) guǎi

走着去 걸어서 가다
zǒuzhe qù

东南西北 dōng nán xī běi 동서남북   **前后左右** qiánhòu zuǒyòu 전후좌우

丁字路口 dīngzì lùkǒu 삼거리   **十字路口** shízì lùkǒu 사거리

337路公共汽车 sān sān qī lù gōnggòng qìchē 337번 버스

천안문으로 가 주세요.

A 칭 취 티엔안먼
请 去 天安门。
Qǐng qù Tiān'ānmén.

리 쪌 위엔 마
离 这儿 远 吗?
Lí zhèr yuǎn ma?

B 뿌 위엔
不远。
Bù yuǎn.

A 워 씨아 처
我 下车。
Wǒ xià chē.

A : 천안문으로 가 주세요.
　　여기서 먼가요?
B : 멀지 않아요.
A : (목적지 도착 후) 내릴게요.

새단어

离 lí ~로부터　　　　　远 yuǎn 멀다　　　　　下车 xià chē 차에서 내리다

1 请去天安门。 천안문으로 가 주세요.

'请去天安门。 Qǐng qù Tiān'ānmén.'은 '천안문으로 가 주세요'라는 표현으로 보통 택시를 탔을 때 많이 사용합니다.

2 离这儿远吗? 여기서 먼가요?

'离 lí'는 보통 거리가 어떠한지 물을 때 쓰며, 'A离B(A는 B로부터 가깝다 혹은 멀다)'의 원근 표현 형태로 많이 써요.

- 北京离这儿很近。Běijīng lí zhèr hěn jìn. 베이징은 여기에서 매우 가까워요.
- 公司离我家很远。Gōngsī lí wǒ jiā hěn yuǎn. 회사는 우리 집에서 매우 멀어요.

밑줄 친 단어를 바꾸어 말해 보세요.

离<u>这儿</u>远吗?
Lí zhèr yuǎn ma?
여기서 멉니까?

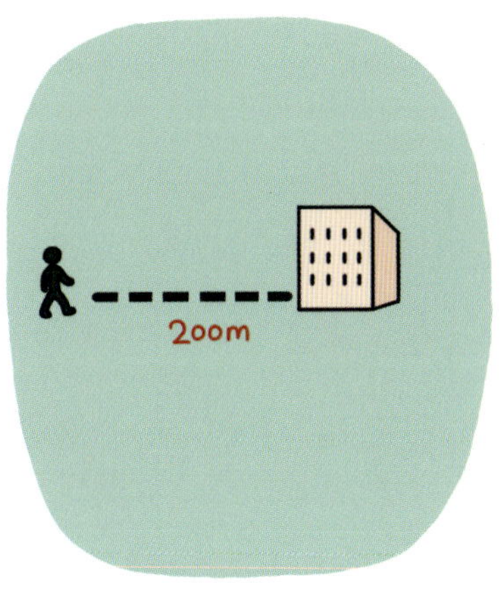

首尔
Shǒu'ěr

学校
xuéxiào

公司
gōngsī

다음 간체자들을 써 보세요.

离 lí	~로부터	丶 亠 亠 文 宐 宐 卨 离 离 离
门 mén	문	丶 冂 门
远 yuǎn	멀다	一 二 テ 元 元 远 远
车 chē	자동차	一 土 车 车

빈칸에 알맞은 한어병음을 써 넣으세요.

请去天安门。
천안문으로 가 주세요.

离这儿远吗?
여기서 먼가요?

不远。
멀지 않아요.

我下车。
내릴게요.

 중국 노래 부르기

❀ 친구(朋友)

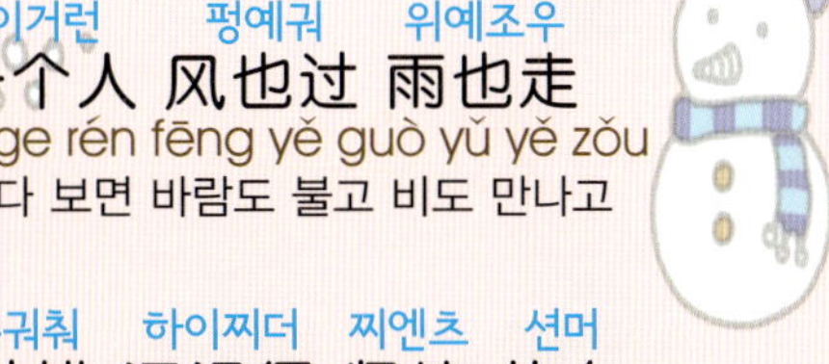

쩌씨에니엔　이거런　펑예궈　위예조우
这些年 一个人 风也过 雨也走
Zhè xiē nián yí ge rén fēng yě guò yǔ yě zǒu
이 세상 혼자 살다 보면 바람도 불고 비도 만나고

요우궈레이　요우궈춰　하이찌더　찌엔츠　션머
有过泪 有过错 还记得 坚持 什么
Yǒu guo lèi yǒu guo cuò hái jì de jiānchí shénme
눈물도 나고 잘못도 하게 되지. 무엇을 견뎌내야 하는지 기억하고 있나?

쩐아이궈　차이훼이동　훼이지모어　훼이훼이쇼우
真爱过 才会懂 会寂寞 会回首
Zhēn ài guo cái huì dǒng huì jìmò huì huí shǒu
진짜 사랑을 해봐야 알게 되지. 적적해하다가 돌이켜보면

쭝요우멍　쭝요우니　짜이씬쭝
终有梦 终有你 在心中
Zhōng yǒu mèng zhōng yǒu nǐ zài xīn zhōng
결국 꿈이 있고 결국엔 자네가 있는 걸. 마음속에

펑요우　이셩　이치조우　나씨에르즈　부짜이요우
朋友 一生 一起走 那些日子 不再有
Péngyou yìshēng yìqǐ zǒu nà xiē rìzi bú zài yǒu
친구는 일생을 함께 가지. 그와 같은 때는 다시는 없을 거야.

이쮜화　이뻬이즈　이셩칭　이뻬이지우
一句话 一辈子 一生情 一杯酒
Yí jù huà yí bèi zi yìshēng qíng yì bēi jiǔ
한 마디 말, 한 평생, 평생의 우정, 한 잔의 술

펑요우　뿌청　꾸딴궈　이셩　펑요우　니훼이동
朋友 不曾 孤单过 一生 朋友 你会懂
Péngyou bù céng gūdān guo yì shēng péngyou nǐ huì dǒng
친구는 쓸쓸하지 않지. 일생의 친구 자넨 이해할거야.

하이요우우샹　하이요우통　하이야오조우　하이요우워
还有伤 还有痛 还要走 还有我
Háiyǒu shāng hái yǒu tòng hái yào zǒu hái yǒu wǒ
상처를 받기도 하고 아픔도 있고 헤어짐도 있고 그리고 내가 있잖아.

날씨가 어때요?

A 天气 怎么样?
티엔치 쩐머양
Tiānqì zěnmeyàng?

B 天气 很 暖和。
티엔치 헌 누완훠
Tiānqì hěn nuǎnhuo.

A 下雨吗?
시아 위 마
Xià yǔ ma?

B 下雨。
시아 위
Xià yǔ.

A : 날씨가 어때요?
B : 날씨가 매우 따뜻해요.

A : 비 오나요?
B : 비 와요.

새단어

天气 tiānqì 날씨   怎么样 zěnmeyàng 어떻다(의문사)   暖和 nuǎnhuo 따뜻하다
下雨 xià yǔ 비가 오다(내리다)

① 天气怎么样? 날씨가 어때요?

'怎么样 zěnmeyàng'은 '상황'이나 '성질', '상태'가 어떠한지를 물을 때 쓰는 표현이에요. 앞에 '상황', '성질', '상태'에 관한 내용이 나오고, 이에 대한 의견을 묻는 식이에요. 때로는 이 자체로 하나의 문장으로 활용되기도 해요.

A : 怎么样? Zěnmeyàng? 어때?
B : 好。Hǎo. 좋아.

A : 你身体怎么样? Nǐ shēntǐ zěnmeyàng? 당신은 건강이 어떠세요?
B : 我身体很好。Wǒ shēntǐ hěn hǎo. 나는 건강이 아주 좋아요.

밑줄 친 단어를 바꾸어 말해 보세요.

天气很暖和。
Tiānqì hěn nuǎnhuo.
날씨가 매우 따뜻합니다.

凉快
liángkuai

冷
lěng

热
rè

凉快 liángkuai 선선하다　冷 lěng 춥다　热 rè 덥다

다음 간체자들을 써 보세요.

气 qì	기체, 공기	ノ 一 二 气
样 yàng	모양	一 十 オ 才 栉 栏 样
暖 nuǎn	따뜻하다	日 旷 旷 晔 瞬 暖 暖
雨 yǔ	비	一 冂 雨 雨 雨 雨 雨

빈칸에 알맞은 한어병음을 써 넣으세요.

天气怎么样?
날씨가 어때요?

天气很暖和。
날씨가 매우 따뜻해요.

下雨吗?
비 오나요?

下雨。
비 와요.

통문장 중국 어휘 늘리기

❀ 날씨 표현

晴天 qíngtiān 맑음

热 rè 덥다

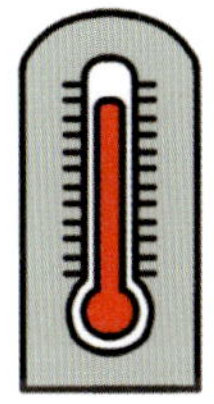

阴天 yīntiān 흐림

暖和 nuǎnhuo 따뜻하다

凉快 liángkuai 선선하다

冷 lěng 춥다

下雪 xià xuě 눈이 오다

干燥 gānzào 건조하다

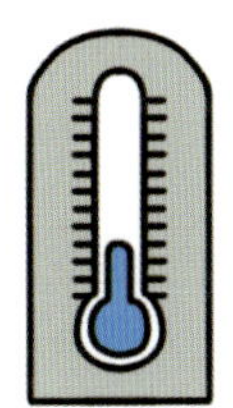
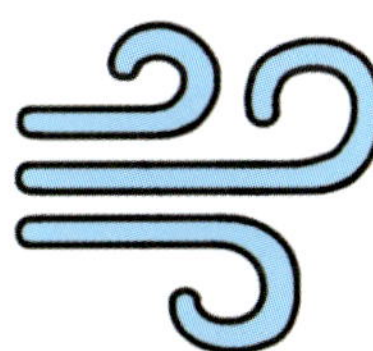

刮风 guā fēng 바람이 불다   下雨 xià yǔ 비가 오다

春天 chūntiān 봄   夏天 xiàtiān 여름
秋天 qiūtiān 가을   冬天 dōngtiān 겨울

길묻기, 날씨와 관련된 내용이에요. 한자와 한어병음, 해석을 보면서 큰 소리로 읽어 보세요.

元斌
Yuán Bīn
你们现在去哪儿?
Nǐmen xiànzài qù nǎr?

游客1
Yóukè1
我们去上海，你们呢?
Wǒmen qù Shànghǎi, nǐmen ne?

元斌
Yuán Bīn
我们去北京。
Wǒmen qù Běijīng.

游客1
Yóukè1
北京离这儿远吗?
Běijīng lí zhèr yuǎn ma?

彼得
Bǐdé
北京离这儿有点儿远。上海现在暖和吗?
Běijīng lí zhèr yǒudiǎnr yuǎn. Shànghǎi xiànzài nuǎnhuo ma?

游客1
Yóukè1
上海现在有点儿热。北京的天气怎么样?
Shànghǎi xiànzài yǒudiǎnr rè. Běijīng de tiānqì zěnmeyàng?

元斌
Yuán Bīn
北京很暖和。
Běijīng hěn nuǎnhuo.

원빈　　　(여행객1,2에게) 당신들은 이제(지금) 어디 가요?
여행객1　우리는 상하이로 가요. 당신들은요?
원빈　　　우리는 베이징에 가요.
여행객1　베이징은 여기서 먼가요?
피터　　　베이징은 여기서 좀 멀어요. 상하이는 지금 따뜻한가요?
여행객1　상하이는 지금 좀 더워요. 베이징 날씨는 어때요?
원빈　　　베이징은 매우 따뜻해요.

기차가 도착하고 그들은 각자의 기차를 타고 목적지에 도착합니다. 원빈과 피터는 북경서역(北京西站)에 도착하여 야식을 먹으러 갈 계획입니다.

元斌 Yuán Bīn	去王府井怎么走? Qù Wángfǔjǐng zěnme zǒu?
彼得 Bǐdé	坐地铁去吧。 Zuò dìtiě qù ba.
元斌 Yuán Bīn	好。 Hǎo.

원빈	왕푸징에 어떻게 가지?
피터	지하철을 타고 가자.
원빈	좋아.

둘은 이렇게 여행 마지막 밤을 보냅니다.
아침이 되어 피터는 베이징에 남고, 원빈은 귀국을 위해 공항으로 갑니다.

元斌 Yuán Bīn	请去机场。 Qǐng qù jīchǎng.

원빈	(택시를 타고) 공항으로 가 주세요.

원빈은 택시기사와 이야기를 합니다.

出租车司机 Chūzūchē sījī	首尔离这儿远吗? Shǒu'ěr lí zhèr yuǎn ma?
元斌 Yuán Bīn	离这儿很近。 我下车。谢谢! Lí zhèr hěn jìn.　Wǒ xià chē. Xièxie!

택시기사	서울은 여기서 먼가요?
원빈	여기서 아주 가까워요. (공항에 도착해서) 저 내릴게요. 감사합니다!

빈 공간에 한어병음을 써 보세요. 한어병음을 쓰면서 큰 소리로 읽어 보세요.

원빈   (여행객1, 2에게) 당신들은 이제(지금) 어디 가요?
Yuán Bīn   Nǐmen [____________]?

여행객1   우리는 상하이로 가요, 당신들은요?
Yóukè1   [____________] , [____________]?

원빈   우리는 베이징에 가요.
Yuán Bīn   [____________].

여행객1   베이징은 여기서 먼가요?
Yóukè1   Běijīng [____________]?

피터   베이징은 여기서 좀 멀어요. 상하이는 지금 따뜻한가요?
Bǐdé   Běijīng [____________]. Shànghǎi [____________]?

여행객1   상하이는 지금 좀 더워요. 베이징 날씨는 어때요?
Yóukè1   Shànghǎi [____________]. Běijīng [____________]?

원빈   베이징은 매우 따뜻해요.
Yuán Bīn   [____________].

원빈   왕푸징에 어떻게 가지?
Yuán Bīn   [____________]?

피터   지하철을 타고 가자.
Bǐdé   [____________].

원빈   좋아.
Yuán Bīn   Hǎo.

원빈   (택시를 타고) 공항으로 가 주세요.
Yuán Bīn   [____________].

택시기사   서울은 여기서 먼가요?
Chūzūchē sījī   Shǒu'ěr [____________]?

원빈   여기서 아주 가까워요. (공항에 도착해서) 저 내릴게요. 감사합니다!
Yuán Bīn   [____________]. [____________], Xièxie!

앞에서 써 본 한어병음이 맞는지 확인하면서 빈 공간에 중국어를 써 보세요.

Yuán Bīn	Nǐmen xiànzài qù nǎr?	
元斌	你们 ?	

Yóukè1	Wǒmen qù Shànghǎi, nǐmen ne?	
游客1	, ?	

Yuán Bīn	Wǒmen qù Běijīng.	
元斌	。	

Yóukè1	Běijīng lí zhèr yuǎn ma?	
游客1	北京 ?	

Biéde	Běijīng lí zhèr yǒudiǎnr yuǎn. Shànghǎi xiànzài nuǎnhuo ma?	
彼得	北京 。上海 ?	

Yóukè1	Shànghǎi xiànzài yǒudiǎnr rè. Běijīng de tiānqì zěnmeyàng?	
游客1	上海 。北京 ?	

Yuán Bīn	Běijīng hěn nuǎnhuo.	
元斌	。	

Yuán Bīn	Qù Wángfǔjǐng zěnme zǒu?	
元斌	?	

Bǐdé	Zuò dìtiě qù ba.	
彼得	。	

Yuán Bīn	Hǎo.	
元斌	好。	

Yuán Bīn	Qǐng qù jīchǎng.	
元斌	。	

Chūzūchē sījī	Shǒu'ěr lí zhèr yuǎn ma?	
出租车司机	首尔 ?	

Yuán Bīn	Lí zhèr hěn jìn. Wǒ xià chē. Xièxie!	
元斌	。 。谢谢!	

찾아보기(병음 순)

찾아보기(가나다 순)

■ 저자 **최경애**

국민대학교 중어중문학과 졸업

국민대학교 국제지역대학원 중국지역전공 석사

국민대학교 국제지역대학원 중국지역전공 박사과정

차이나문 중국어학원 강사

강남 푸차이 북경중국어학원 강사

강남 SCLS 중국어학원 강사

이차이나 중국어학원 강사

신촌 현대 중국어학원 HSK 강사

이얼싼 중국어학원 강사

한국관광공사, 삼성중공업, 삼성물산 등 기업체 출강

현재 중국어 교재 기획 및 집필

■ 등재논문

한족의 인구이동과 소수민족지구 변화(2015.9)

■ 저서

회화에서 신HSK까지 한번에 끝내기

초판 1쇄 인쇄 2016년 3월 5일
초판 1쇄 발행 2016년 3월 10일

발행인 박해성
발행처 정진출판사
지은이 최경애
편집 김양섭, 조윤수
기획마케팅 이훈, 이현주
본문디자인 허다경
표지디자인 로그트리
삽화 김혜원
출판등록 1989년 12월 20일 제 6-95호
주소 136-130 서울시 성북구 화랑로 119-8
전화 02-917-9900
팩스 02-917-9907
홈페이지 www.jeongjinpub.co.kr

ISBN 978-89-5700-136-3 *13720